*Politeness*
*The Key to Successful Communication*

上智大学教授
清水崇文

# 心を動かす
# 英会話のスキル

コミュニケーションの鍵――ポライトネス

研究社

# はじめに

　「英語が話せる」ことと「英語でコミュニケーションできる」ことは違う。
　こう言ったら、あなたはびっくりしますか。でも、事実なんです。語彙や文法を間違えずに聞き取れる発音で話せば、言いたいことを伝えることはできますよね？　例えば、相手の名前を知りたいときに What's your name? と聞いたり、重たい荷物を運ぶのを手伝ってほしいときに Help me carry the baggage, please. と言ったりすれば、あなたの意図は十分通じるでしょう。これが「英語が話せる」レベルです。しかし、**コミュニケーションには、意図の伝達（自分が言いたいことを伝える）だけでなく、良好な人間関係の構築（相手とうまくやっていく）という目的もあるのです。**そして、相手とうまくやっていくためには、言いたいことが言えるだけではなく、言われた相手の気持ちに配慮していることも同時に伝えられる必要があります。これが「英語でコミュニケーションできる」レベルです。
　相手の気持ちへの配慮を言葉によって伝えることを、「ポライトネス (politeness)」と言います。コミュニケーションの鍵となるのは、このポライトネスです。**会話をしている状況や相手との関係に応じたふさわしい言い方をすることによって、相手への配慮を示しながら自分の言いたいことを伝える。**これこそが、コミュニケーションを成功させる秘訣なのです。
　会話の状況や相手との関係にふさわしい言い方を選ぶには、「いつ」「どこで」「誰に」「何を」「どのように」話すかという「言葉の使い方のルール」を知っている必要があります。丁寧に話すべき相手に対して、日本語では「お名前をお伺いしてもよろしいでしょうか」「すみません。この荷物、重くて一人では運べないので、ちょっと運ぶのを手伝ってくださいませんか」ときちんと言える人が、英語になった途端に What's your name?、Help me carry the baggage, please. と言って平然としていられるのは、英語の「言葉の使い方のルール」を知らないことが原因です。「英語が話せる」（言いたいことが伝えられる）レベルから、「英語でコミュニケーションできる」（状況や相手との関係を考え、相手の気持ちに配慮しながら、言いたいことが伝えられる）レベルに進むためには、**学校で学んだ発音・語彙・文法などの「言葉の形のルール」に加えて、「言葉の使い方のルール」**も習得する必要があるのです。

本書は、英語の「言葉の使い方のルール」を学ぶための本です。読者のみなさんが英語の「言葉の使い方のルール」を効果的に学べるように、次のような工夫がしてあります。（詳しくは、p. vi「本書の構成と使い方」をご覧ください。）

①本書は、言語学の2つの分野——語用論（言葉の使い方のルールに関する研究）と第二言語習得（外国語を習得するプロセスに関する研究）——の理論に基づいて書かれています。そして、英語の「言葉の使い方のルール」を効率的に学べるように、実践的な知識に加えて、こうした理論的な背景知識も簡単に紹介しています。

②依頼、誘い、提案、申し出、謝罪、訂正、断り、苦情など、ポライトネスに気をつけて話さないと「不適切な英語」「失礼な英語」になってしまう可能性が高い意図の伝達行為（言いたいことを伝えること）を取り上げ、「会議の席で上司に反対意見を述べる」「部下に急な仕事を依頼する」「レストランで注文した料理が運ばれてこないとウェイターに苦情を言う」など、現実に起こり得る具体的な場面での適切なコミュニケーションの仕方を学びます。

③50人のネイティブ・スピーカーのデータを分析して明らかになった、ネイティブ・スピーカーが従っている英語の「言葉の使い方のルール」と、彼らが実際に使う「本物の英語表現」を紹介しています。また、同じコミュニケーション場面における自分の話し方とネイティブ・スピーカーの話し方を比べることによって、自分の話し方の問題点がわかるようになっています。

　書名の「心を動かす」には、2つの意味が込められています。一つは、あなたの意図がしっかり伝わり、相手が心から納得したり、同意したりしてくれること。もう一つは、あなたが相手を思いやる気持ちが通じて、相手の気分がよくなったり、あなたに好感を持ったりすることです。つまり、「心を動かす英会話」とは、相手を思いやりながら自分の言いたいことを伝える英会話のことなのです。
　読者のみなさんが、「心を動かす英会話のスキル」を身につけることで、「英語が話せる」日本人から「英語でコミュニケーションできる」日本人に変身する。本書がその一助となれば、著者としてこれほど嬉しいことはありません。

　　2016年7月14日　London, Russell Squareのカフェにて

　　　　　　　　　　　　　　　　　　　　　　　　　　　　　清水　崇文

# 目次

はじめに　iii
本書の構成と使い方　vi

## Part 1
## 理論編
1

## Part 2
## 実践編
13

| | | | |
|---|---|---|---|
| Unit 1 | Request | 依頼 | 14 |
| Unit 2 | Asking for permission | 許可求め | 28 |
| Unit 3 | Invitation | 誘い | 40 |
| Unit 4 | Advice | 助言 | 54 |
| Unit 5 | Proposal | 提案 | 68 |
| Unit 6 | Offer | 申し出 | 82 |
| Unit 7 | Apology | 謝罪 | 96 |
| Unit 8 | Gratitude | 感謝 | 108 |
| Unit 9 | Compliment | ほめ | 120 |
| Unit 10 | Disagreement/Correction | 不同意／訂正 | 132 |
| Unit 11 | Refusal | 断り | 144 |
| Unit 12 | Complaint | 苦情 | 158 |

# 本書の構成と使い方

　本書は、「**Part 1 理論編**」と「**Part 2 実践編**」からなっています。「**Part 1 理論編**」では、英語のコミュニケーション能力を向上させるために知っておくと役に立つ理論的なお話をします。「そんな小難しい話なんていらないよ。英語が上手に話せるようになりたいだけなんだから」と思った方も、どうか飛ばさないで読んでください。言語習得や学習に関する理論的な知識は、学校の授業では先生さえ知っていればよいことですが、先生がいない独学の場合には、学習者自身がこうした知識を持っているかどうかで学習効果に大きな差が出ます。「**Part 1 理論編**」に書かれている内容を常に意識しながら英語を学んでいけば、あなたの英語のコミュニケーション能力が向上するスピードはきっと飛躍的に速くなることでしょう。

　「**Part 2 実践編**」は、発話行為（言葉による意図の伝達行為）ごとに 12 のユニットに分かれています。本書で取り上げた発話行為は、日常生活やビジネスの場面で行う機会が多く、かつポライトネスに気をつけて話さないと「不適切な英語」「失礼な英語」になってしまう可能性が高いものばかりです。各ユニットで学習できる発話行為は以下の通りですが、この順番で学習しなければいけないわけではありませんので、興味を持ったユニットから始めてみてください。

Unit 1: Request　依頼
Unit 2: Asking for permission　許可求め
Unit 3: Invitation　誘い
Unit 4: Advice　助言
Unit 5: Proposal　提案
Unit 6: Offer　申し出
Unit 7: Apology　謝罪
Unit 8: Gratitude　感謝
Unit 9: Compliment　ほめ
Unit 10: Disagreement / Correction　不同意／訂正
Unit 11: Refusal　断り
Unit 12: Complaint　苦情

## ユニットの構成

各ユニットは、以下のような構成になっています。

| |
|---|
| 「発話行為」のルール |
| Situation 1<br>　　Let's try!<br>　　ネイティブはこう話す<br>　　ネイティブ・データからの結論 |
| Situation 2<br>　　Let's try!<br>　　ネイティブはこう話す<br>　　ネイティブ・データからの結論 |
| アメリカ英語 vs. イギリス英語 |

◆「発話行為」のルール

　各ユニットで取り上げる発話行為の特徴をポライトネスの観点から解説し、その発話行為をするときに気をつけるべきポイントを紹介しています。私たち日本人は「相手との関係によって言い方を変える」という意識は強く持っていますが、それ以外の文脈的要因については普段それほど意識していないかもしれません。発話行為によって注意が必要な要因が少しずつ異なるので、ここでしっかり確認してください。確認ができたら、「**Let's try!**」に進みます。

◆ **Let's try!**

　各ユニットには、社会的文脈（状況や相手）が異なる2つの場面（**Situation 1**と **Situation 2**）が用意されています。まずは、**Situation 1** の場面の説明を読んで、自分なら何と言うか考えて、空欄部分に（本を汚すのが嫌ならノートに）書いてください。この「まず自分で考えてみる」というプロセスがとても大切なので、ページをめくって英語のネイティブ・スピーカー（本書では「ネイティブ」と略します）の実例や解説を読む前に、必ず自分の答えを書くようにしてください。そのあとで、自分の答えとネイティブの実例とを比較すれば、自分の言い方のど

こがいけないのか、何が足りないのかをクリアにすることができます。その際、自分の答えに「英語に対する誤解」や「日本語の影響」がないかもチェックしてみてください。(詳しくは、「**Part 1 理論編**」のp.7「**英語のコミュニケーションに失敗する原因**」をお読みください。)

## ◆ネイティブはこう話す

　ここでは、まず「Let's try!」の場面においてポイントとなる文脈的要因を詳しく分析してから、同じ場面でネイティブはどのように話すのかを、多くの実例を紹介しながら解説しています。

　紹介されている実例はすべて、50人のネイティブが実際に答えてくれたアンケート・データから選ばれた「生の英語」です。それとともに、この50人のネイティブが使った表現や話し方を分析することによってわかったネイティブのコミュニケーションの仕方（意図の伝え方、配慮の示し方）の特徴を、わかりやすく解説しました。実例や解説を読みながら、「Let's try!」で書いた自分の答えでよかったところ、直したほうがよいところを見つけてください。

　なお、英文中で使われる記号のうち、( )は省略、[ ]は言い換えを表します。

《ネイティブのデータを重視した理由》

　本書が50人のネイティブのデータを使用したのには、いくつか理由があります。まず、本書のテーマである言葉の使い方（言語運用）のルールは、文法とは違って「正解」が一つではないことです。ある特定の場面でどの表現が最も適切なのか、2つの表現のうちどちらがより間接的なのかといった判断は、ネイティブでも完全に一致するわけではありません。そのため、一人のネイティブ（たとえそれが英語の先生であっても）の「この場面ではこの言い方が最も適切だ」という直感よりも、性別や年齢の異なるたくさんのネイティブの実例から抽出された「最大公約数的な傾向」のほうが、実態を正確に反映した、より信頼できる情報になると考えたのです。

　次に、実際にネイティブに使われる表現や言い回しの様々なバリエーションを提示できることです。これまでの英会話の教材では、「こういう表現を用いると失礼（丁寧）になる」といった説明をして、特定の表現だけを勧めていることが多いのですが、実際には同じ場面でもかなり直接的な言い方をする人から間接的

な表現を好む人まで、話し方には幅広いバリエーションが存在します。50人のネイティブの話し方を調査することによって、**ある場面で使うことが可能な直接的な表現から間接的な表現までを一堂に紹介することができる**。また、そうすれば読者のみなさんが自分の判断でその中から使いたい表現や言い回しを選ぶことができると考えたのです。

　加えて、英会話の教材として、ネイティブが実際に使う語彙や表現を「生の」言語素材から学ぶことができることも重要であると考えました。本書で取り上げた**語彙や表現、構文などは、すべて実際に50人のネイティブによって使われたもの**で、著者である私（応用言語学者ではありますが、英語のネイティブではありません）が頭で考え出したものは一つもありません。つまり、ネイティブが使う「**本物の（authentic）**」**英語表現**が学べるということです。

《コアセンテンスと補助ストラテジー》
　従来の英会話の教材や書籍には、ある表現（例えば、＜依頼＞のCould you ...? と I would appreciate it if you could ...）を取り上げて、社会的文脈（状況や相手）にかかわらず、その表現の丁寧度が固定されたものであるかのように「この言い方は失礼（丁寧）だ」と説明しているだけのものが多いように思います。しかし、そのようなやり方で覚えた表現や用例は、実際の会話では応用が利きません。なぜなら、そうした提示の仕方はコミュニケーションの実態を反映していないからです。

　私たちが普段発話行為を行うときには、その行為（意図）だけを言葉にして伝えることはあまりありません。例えば、＜依頼＞をするときには、「依頼の文」に加えて、文脈に応じてその前後に「前置き」「説明」「謝罪」などを伝える文も言うのが普通です。（詳しくは、「**Part 1　理論編**」のp.6「**話し方の丁寧度を上げる2つの方法**」をお読みください。）つまり、依頼という発話行為は一つの文で行われるのではなく、複数の文の連続（「談話」と呼ばれます）で行われるわけです。ということは、ネイティブのように英語で適切に依頼ができるようになるためには、「依頼の文」だけでなく、依頼を実現する英語の談話の構造（「依頼の文」とその他の文との組み合わせ方）も学ばなければいけないということになります。本書では、この「依頼の文」（発話行為の中心となる文）を「**コアセンテンス**」、「前置き」「説明」「謝罪」などを伝える補助的な文を「**補助ストラテジー**」と名付け、それぞれを詳しく解説しています。

このように細かく分けて学ぶのには、理由があります。私たちがコミュニケーションを行うときには、意図する発話行為を成功させること（例えば、相手に依頼を引き受けてもらうこと）と、相手の気持ちを損なわないようにすること（例えば、相手が依頼を負担に感じて嫌だなと思わないようにすること）のバランスをとりながら話しています。そして、そのやり方には、「**コアセンテンスの文法や語彙を変更する方法**」（単文を複文にする、現在形を過去形にする、緩和表現を加えるなど）と、「**コアセンテンスの前後に様々な補助ストラテジーを追加する方法**」の2種類があるのです。そこで本書では、この2種類のやり方を駆使して社会的文脈に応じて意図の伝達と相手への配慮のバランスをとりながら上手にコミュニケーションできるような応用力の習得を目指して、「**コアセンテンスで使われる表現**」のバリエーションと、よく使われる「**補助ストラテジー**」の組み合わせのパターンを学習できるようにしました。（注：本書の「コアセンテンスで使われる表現」のグループ分け（直接的〜間接的）は絶対的なものではなく、ネイティブでも判断に個人差があります。一つの目安としてお考えください。）

## ◆ネイティブ・データからの結論

　「**ネイティブはこう話す**」の最後に、50人のネイティブのデータを分析した結果から導かれた英語の言葉の使い方のルールや、多くのネイティブに受け入れられやすいコアセンテンスの表現と補助ストラテジーの組み合わせパターンをまとめています。「**ネイティブはこう話す**」の解説をじっくり読む時間がない方も、ここで紹介されている表現や補助ストラテジーだけは覚えるようにしてください。そうすれば、ネイティブとの会話でそれぞれの発話行為をする際に、「不適切な英語」「失礼な英語」にならないための最低限の知識は身につけることができます。

## ◆アメリカ英語 vs. イギリス英語

　各ユニットの最後に、アメリカ人とイギリス人（「アメリカ英語母語話者」と「イギリス英語母語話者」を簡略化して、本書ではこう呼びます）のデータを比較してわかった両英語の違いを挙げてみました。あくまで50人のネイティブ・データの中での「傾向」ですが、アメリカ英語とイギリス英語では、発音や語彙だけでなく、言葉の使い方のルールについても違いがあるかもしれないということに気づいていただければと思います。

**ネイティブの属性**
　アンケートに回答してくれたネイティブは、総勢50人。属性は、以下の通りです。

国籍：アメリカ25人、イギリス25人
性別：男性29人、女性21人
年齢：20代25人、30代9人、40代9人、50代7人

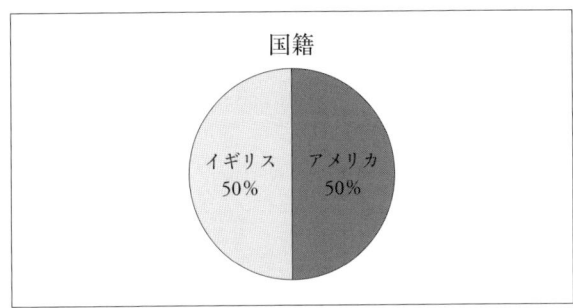

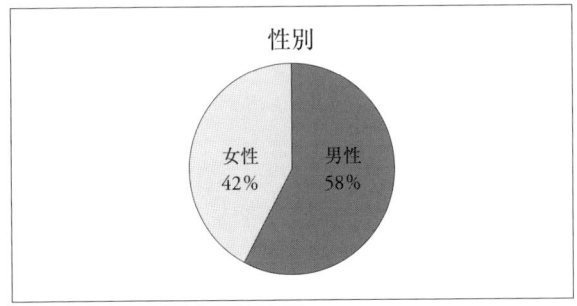

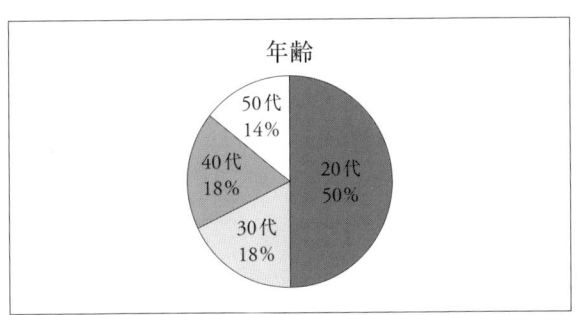

内訳は、以下の通りです。

アメリカ人

|  | 20代 | 30代 | 40代 | 50代 | 合計 |
|---|---|---|---|---|---|
| 男性 | 9人 | 1人 | 4人 | 1人 | 15人 |
| 女性 | 4人 | 2人 | 1人 | 3人 | 10人 |
| 合計 | 13人 | 3人 | 5人 | 4人 | 25人 |

イギリス人

|  | 20代 | 30代 | 40代 | 50代 | 合計 |
|---|---|---|---|---|---|
| 男性 | 8人 | 2人 | 2人 | 2人 | 14人 |
| 女性 | 4人 | 4人 | 2人 | 1人 | 11人 |
| 合計 | 12人 | 6人 | 4人 | 3人 | 25人 |

# Part 1
# 理 論 編

「Part 1 理論編」では、コミュニケーション能力の習得について、少しだけ専門的なお話をしたいと思います。英語に限らず、何かを効率よく習得するには、ただやみくもに勉強をしているだけではいけません。現在の自分の位置と目標地点を把握し、目標に到達するために「何を」「なぜ」「どのように」学ぶかを常に意識しながら学習を進めていくことが大切です。そのために役立つ理論的な背景知識を学ぶことは、一見遠回りのようで、実は断然近道なのです。「Part 1 理論編」の内容をよく理解してから「Part 2 実践編」の各ユニットの学習を進めていけば、実践的な英語のコミュニケーション能力をより効率的に身につけることができるはずです。

> 英語のコミュニケーションに必要な能力

　下の写真は、ある英会話学校の車内広告です。ビジネスの場面で会社員が外国人の訪問客に英語で対応しているところですが、彼女の英語が「部長の山本はまもなく戻りますので、<u>そこに座ってろ</u>」と聞こえているかもしれないと指摘されています。

© Berlitz Japan, Inc.（2010 年 10 月掲載）

　きっとこの女性は、Mr. Yamamoto will be back soon. <u>Sit down there.</u>（あるいはもっときつく You sit there.）とでも言ったのでしょう。この広告では最後に「ちゃんとした英語を。仕事ですから。」と締めくくられていますが、ここでいう「ちゃんとした英語」とは、発音や語彙、文法に間違いがない「**正確な（accurate）**」英語という意味ではありません。なぜなら、Sit down there. は、語彙も文法も正しい英文だからです。「ちゃんとした英語」でない理由は、ほかにあります。それは、ビジネスの場面で訪問客に対して使う表現として、Sit down there. は「**適切な（appropriate）**」英語ではないことです。（ちなみに、命令形だから不適切というわけではありません。例えば、Have a seat please. は命令形ですが、この場面では適切な表現です。）

　このように、コミュニケーションが成り立つためには、発音、語彙、文法の知識を活用して Sit down there. という正しい文を正確な発音で言える能力のほかに、

「いつ」「どこで」「誰に」「何を」「どのように」話すかについての知識を活用して、ビジネスの場面で訪問客に席を勧めるときには、Sit down there. は適切ではないと判断できる能力も必要です。前者は英語を「正確に」使うために必要な**言葉の形のルールに関する知識**（「**言語構造の知識**」と呼ばれます）で、後者は英語を「適切に」使うために必要な**言葉の使い方のルールに関する知識**（「**言語運用の知識**」と呼ばれます）です。言語構造の知識と言語運用の知識は、言語能力という「車の両輪」なので、どちらかに不足があれば真っすぐ進むことができず、コミュニケーションは頓挫してしまいます。しかし、残念ながら、私たちが英語の授業で学んできたことの大半は、言語構造（発音、語彙、文法）の知識です。そのため、実践的な英語のコミュニケーション能力を身につけるためには、これまであまり学んでこなかった言語運用の知識を積極的に学習する必要があるわけです。英語を話すときに「きれいな発音で話すこと」や「文法を間違えないこと」ばかり気にしている方は、特にこの点を意識して学習することが大切です。

＜英語のコミュニケーションに必要な能力＞
①言語構造（発音、語彙、文法）の知識を活用して「正確に」話す能力
②言語運用（言葉の使い方）の知識を活用して「適切に」話す能力

### 適切に話すための知識

　言語運用の知識は、2種類の知識から成り立っています。一つは、「**言語形式と機能の関係の知識**」です。この知識によって、私たちは言語を使って自分の意図を伝えることができます。あなたは英語では依頼をするときに Can you ...? という表現が使えることを知っていますよね？ 言語形式（Can you ...?）と機能（依頼）の対応関係についての知識があるから、テーブルの端にある塩を取ってほしいときに Can you pass me the salt? と言って意図を伝える（依頼をする）ことができるわけです。（このように言葉を使って＜依頼＞などの意図を伝える行為は「**発話行為（speech act）**」と呼ばれます。）
　もう一つは、「**言語形式と社会的文脈の関係の知識**」です。この知識によって、私たちは文脈（会話をしている状況や会話の相手）に照らして適切に話すことができます。例えば、あなたが学生だと仮定して、先生に奨学金のための推薦状を

お願いするときに Can you write a recommendation letter? と言うでしょうか。「失礼になるからほかの表現を使う」と答えた方は、社会的文脈（目上の相手に対して負担を与える依頼をする状況）に照らして言語形式（Can you ... ?）が適切ではないと判断できている、つまり言語形式と社会的文脈の関係の知識があると言えます。一方、「Can you ... ? を使う」と答えた方は、依頼の意図を伝えるための言語形式と機能の関係の知識はあるけれども、適切に伝えるための言語形式と社会的文脈の関係の知識は足りないということになるわけです。

このように、「Can you ... ? は依頼に使える」という知識（**言語形式と機能の関係の知識**）と「Can you ... ? は目上の人に大きな負担をかけるときには使わないほうがよい」という知識（**言語形式と社会的文脈の関係の知識**）の両方を持っていて、はじめて「**社会的文脈（状況や相手との関係）**に照らして適切に、自分の意図を伝える」ことができるのです。

> ＜適切に話すための知識＞
> ①言語形式と機能の関係の知識
> ②言語形式と社会的文脈の関係の知識

## 相手を思いやる「ポライトネス」

では、どうして私たちは社会的文脈（状況や相手との関係）に照らして適切に話さなければいけないのでしょうか。この疑問に答えてくれるのが、「**ポライトネス（politeness）**」という概念です。ポライトネスとは、**円滑な対人関係を構築・維持するために相手に対する配慮を示す言語行動**のことを言います。先ほどの推薦状の依頼のケースであれば、学生（目下）から先生（目上）に対して負担が大きい頼みごとをすることになるので、頼まれる先生の気持ちへの配慮を「言葉にして」示さなければいけないということです。この規範に照らすと、直接的で押しつけが強い Can you ... ? という表現では十分な配慮を示すことができないため、不適切だと考えられるわけです。

言語や文化にかかわらず、社会的な生き物である私たち人間は、対人関係上の願望（「**フェイス（face）**」と呼ばれます）を持っています。そして、この願望には２つの相反する側面があります。一つは、**他人から承認されたい、自分の考え**

や行動を好ましく思われたいという連帯（solidarity）の願望**であり、もう一つは、自分の行動を他人に邪魔されたくない、他人の意見や考えを押しつけられたくないという**独立（independence）の願望**です。前者は「**ポジティブ・フェイス（positive face）**」、後者は「**ネガティブ・フェイス（negative face）**」と呼ばれています。

　私たちが自分の意図を人に伝えるときには、こうしたフェイスを侵害してしまうことがあります。例えば、提案を断られたり、自分の意見に反対されたり、苦情を言われたりした相手は、自分の意見や行動が好ましく思われなかったことでポジティブ・フェイスを侵害されたと感じます。また、依頼や助言をされた相手は、自分の行動の自由を制限されることになるためネガティブ・フェイスを侵害されたと感じます。そのため、こうした発話行為（意図の伝達）を行うときには、社会的文脈（会話の状況や相手との関係）から自分の話す内容がどの程度相手のフェイスを侵害するかを判断して、良好な対人関係を維持するために侵害を和らげるような言い方をしているわけです。

　ポジティブ・フェイスを満たそうとする配慮を「**ポジティブ・ポライトネス（positive politeness）**」、ネガティブ・フェイスを守ろうとする配慮を「**ネガティブ・ポライトネス（negative politeness）**」と言います。例えば、提案を断るときに「ご提案ありがとうございます。とてもいい案だとは思うのですが…」と言うのはポジティブ・ポライトネス、依頼をするときに「お忙しいときに申し訳ないのですが…」と言うのはネガティブ・ポライトネスの例です。また、相手のことをほめたりして、積極的にポジティブ・フェイスを満たすこともあります。

---

＜相手を思いやる「ポライトネス」＞

①ポジティブ・ポライトネス：ポジティブ・フェイス（他人から承認されたい、自分の考えや行動を好ましく思われたいという連帯の願望）を満たそうとする配慮

②ネガティブ・ポライトネス：ネガティブ・フェイス（自分の行動を他人から邪魔されたくない、他人の意見や考えを押しつけられたくないという独立の願望）を守ろうとする配慮

## 話し方の丁寧度を上げる2つの方法

　フェイス（特にネガティブ・フェイス）の侵害を緩和するための言語的手段としてまず考えられるのは、より間接的な表現を使うことです。先ほどの推薦状の依頼のケースであれば、Can you write a recommendation letter? と言う代わりに、I was wondering if you could write a recommendation letter. と言えば、文の丁寧さは格段に上がります。このように「依頼の文」（本書では「**コアセンテンス**」と呼びます）自体の語彙や文法に変更を加えて、丁寧度を上げるわけです。

　しかし、話すときの丁寧さの印象は、コアセンテンスの言語形式だけで決まるわけではありません。いくら I was wondering if you could ... という表現が先生に対して推薦状の依頼をするのに十分に丁寧で適切だとしても、いきなり I was wondering if you could write a recommendation letter. と切り出したとしたら、やはり失礼な印象を与えてしまうでしょう。実際に先生に推薦状の依頼をする場面では、次のような会話になることが多いのではないでしょうか。

Student: Excuse me, Mr. White. May I ask you a favor?
Teacher: Well, it depends. What is it?
Student: I'm applying for the XX scholarship which requires my English teacher's recommendation letter. I'm sorry to bother you, but I was wondering if you could write a recommendation letter for me.

学生：すみません、ホワイト先生。一つお願いしてもよろしいですか？
先生：内容次第ですが、何ですか？
学生：XX 奨学金に応募しようと思っているんですが、英語の先生の推薦状が必要なんです。ご面倒をおかけして申し訳ないんですけれども、先生に推薦状を書いていただくことはできないかと思いまして。

　この会話では、コアセンテンスである I was wondering if you could write a recommendation letter for me. のほかにもいろいろな文が話されていますが、それぞれの文にコミュニケーション上の役割があります。例えば、May I ask you a favor? は、相手に心の準備をしてもらうための「**前置き**」、I'm applying for the XX scholarship which requires my English teacher's recommendation letter. は、依頼の必要性・正当性を納得してもらうための「**説明**」、I'm sorry to bother you. は、

相手に負担をかけてしまうことを申し訳なく思っていることを伝える「**謝罪**」といった具合です。このように、発話行為の中心となるコアセンテンスに、それを助ける「**前置き**」「**説明**」「**謝罪**」などの補助的な文（本書では「**補助ストラテジー**」と呼びます）を組み合わせて話すことも、丁寧さを上げるための方法となります。

<話し方の丁寧度を上げる2つの方法>
①コアセンテンスの語彙や文法を変えて、より丁寧にする
②コアセンテンスに様々な補助ストラテジーを組み合わせて配慮を示す

## 英語のコミュニケーションに失敗する原因

　このように、普段私たちは「自分の意図がきちんと相手に伝わるように、しかしそのために相手を不快にさせないように」意図の伝達とポライトネスのバランスをとりながら、コミュニケーション活動をしています。こうした振る舞いは、どの言語・文化にも見られる普遍的なもので、日本語のコミュニケーションでも英語のコミュニケーションでも違いはありません。しかし、ある場面で意図の伝達とポライトネスのどちらをより重視するか、ポジティブ・フェイスとネガティブ・フェイスのどちらを重視するか、具体的にどういうやり方で配慮を示すか、そしてこれらの判断の基盤となる社会的文脈（状況や相手との関係）をどう捉えるかなどについては、日本語と英語では異なることも多いのです。そのため、私たち日本人が英語でコミュニケーションをする際に、知らず知らずのうちに「不適切な英語」「失礼な英語」を話してしまって、その結果コミュニケーションに失敗してしまうこともよくあります。

　私たちが話す英語が「不適切な英語」「失礼な英語」になってしまう原因はいろいろ考えられますが、代表的なものは次の3つです。

　①語彙・文法の知識不足
　②英語に対する誤解
　③日本語の影響

①語彙・文法の知識不足

　丁寧に話したいのに、そのための単語や表現、文法がわからないといった経験はありませんか。先ほどの推薦状の依頼のケースであれば、「このような状況では丁寧な言い方をしなければいけない」とわかっていながら、日本語の「もしご迷惑でなければ、推薦状をお書きいただくことはできないでしょうか」と同じぐらい丁寧な英語の表現を知らないために、自分が使える語彙や文法の範囲でPlease write a recommendation letter. / Can you write a recommendation letter? などと直接的な言い方をしてしまうことが、これにあたります。

②英語に対する誤解

　しかし、語彙や文法の知識は十分あるにもかかわらず、不適切で失礼な英語を話している人もいます。原因の一つは、英語に対する誤解です。日本人の英語に対する誤解の最たるものは、「英語に敬語はない」というものでしょう。たしかに英語圏では上司をラストネーム（Mr. Roberts）ではなく、ファーストネーム（Michael）で呼ぶ人も多いですし（私も大学院時代に、指導教員である教授をファーストネームで呼んでいました）、日本語の「食べる」に対する「召し上がる」や「いただく」のような敬語は英語にはありません。だからといって、英語ではいつ誰に対しても同じ話し方をするというわけではありません。日本語の敬語とは異なりますが、英語でも相手や状況に応じて言い方を使い分けるのが普通です。英語には英語の「敬語」があるのです。

　英語についてのもう一つの大きな誤解は、「英語は日本語のような曖昧な言語ではない」「英語では言いたいことをはっきりと言わなくてはいけない」というものです。たしかに日本語と比べると英語のほうが直接的な言い方を好む傾向はあるかもしれませんが、いつ誰に対しても直接的な言い方をしているわけではありません。しかしながら、「英語では直接的な言い方をする」と信じ込んでしまったばかりに、普段日本語では相手に配慮して丁寧に話す人が、英語になった途端に直接的で強引な話し方になってしまうケースもしばしば見られます。日頃は大人しくて丁寧な学生が、英語の先生に授業で発表をしてほしいと頼まれた際に、きっぱり断らなければと思ってNo, I can't. Will you ask someone else?（できません。ほかの人に頼んでくれますか？）と返答してしまったりするのが、この例です。

### ③日本語の影響

　私たちが英語のコミュニケーションに失敗するもう一つの原因は、母語である日本語の影響です。日本人の英語は、気づかぬうちに日本語の特徴につられておかしな英語になってしまうことがよくあります。カフェで I'm coffee.（私はコーヒー）と注文したり、今日の予定を聞かれて Today is board meeting.（今日は役員会議です）と答えてしまったりする人がいますが、これは日本語の構文のまま英語に変換して文を作ってしまったために生じた間違いです。rice（ご飯）を lice（シラミ）、think（考える）を sink（沈む）と発音してしまう誤りも、日本語にはない英語の子音を無意識に日本語の子音で代用してしまったために起こります。

　こうした現象は専門的には「**転移（transfer）**」と呼ばれ、発音、単語、文法など言語構造の様々なレベルにおいて現れますが、適切な言い方を選択するときにも、日本語の運用のルールの影響を受けることがあります。例えば、英語で感謝するときに I'm sorry. と言ってしまう日本人がときどきいます。これは「日本語では『すみません』を謝罪だけでなく感謝にも使える」というルールを、英語を話すときにも使っていること（言語形式と機能の関係の知識の転移）が原因です。また、英語ではほめられたときに Thank you. と感謝するのが普通ですが、日本語の場合と同様に謙遜するべきだと思って No, not at all. などと答えてしまう（言語形式と社会的文脈との関係の知識の転移）といった例もあります。もちろん、英語と日本語の言語運用のルールは同じことも多いのですが、だからこそ違いに気づきにくい（したがって、日本語のルールをそのまま使ってしまう）という落とし穴があるのです。

---

＜英語のコミュニケーションに失敗する原因＞
①語彙・文法の知識不足
②英語に対する誤解
③日本語の影響

## 「心を動かす英語」を話すには

　以上、私たちの英語が「不適切な英語」「失礼な英語」になってしまう3つの原因を挙げました。このうち「**①語彙・文法の知識不足**」の場合は、実は問題はそれほど深刻ではありません。この場合、本人も「自分の言い方は不適切・失礼かもしれない」と気がついていることがほとんどですし、ネイティブのほうも、英語を上手に話せない人が失礼な言い方をしても、「この人は言いたいことがまだうまく言えないのだから仕方がない」と考えてくれます。

　問題なのは、「**②英語に対する誤解**」や「**③日本語の影響**」が原因の場合です。これらの場合には、自分では適切だと思って話している英語が、ネイティブには失礼に聞こえていることになるからです。特に、話し手が正確で流暢な英語を話す場合には、ネイティブは「この人は英語の運用のルールを知らないのだから仕方がない」とは思ってくれません。むしろ、「なんて失礼な言い方をするんだ。とても無礼な人だな」と性格や人間性を誤解される可能性が高くなってしまうのです。(p. 2の英会話学校の広告を思い出してください。もしあなたが訪問客の立場で、Sit down there.（そこに座ってろ）と言われたら、どのような気持ちになるでしょうか。その人に対して不愉快な気持ちになりませんか。)

　相手と良い関係を築こうとして一生懸命英語でコミュニケーションしようと頑張っている私たちにとって、自分の意図に反して失礼な言い方をしてしまって、その結果、誤解を受けてしまうことほど残念なことはないでしょう。では、こうした誤解を避けるためには、どうしたらいいのでしょうか。答えは簡単です。今まで学んでこなかった英語の運用（言葉の使い方）のルールを積極的に学習して、「**②英語に対する誤解**」や「**③日本語の影響**」による不適切な言い方を減らしていけばいいのです。コミュニケーションを成功させる秘訣は、「相手の気持ちに配慮しながら、言いたいことをしっかり伝えること」。これは英語でも日本語でも変わりません。普段言葉の使い方のルールに気をつけて日本語を話しているように、英語を話すときには英語の言葉の使い方のルールに気をつければいいのです。こうしたルールを学んで、それを意識しながら会話ができるようになれば、あなたの英語は「相手の心を動かす英語」「人間関係がうまくいく英語」になるのです。

<「心を動かす英語」を話すには>
①コミュニケーションを成功させる秘訣は「相手の気持ちに配慮しながら、言いたいことを伝えること」だと理解する
②言語構造（発音、語彙、文法）の知識だけでなく、言語運用（言葉の使い方のルール）の知識も積極的に学ぶ
③英語の適切な話し方のルールを意識しながら、会話をする

　このへんで専門的なお話はおしまいにして、「Part 2 実践編」へと進みましょう！「Part 2 実践編」を読んでいてわからない用語が出てきたら、この「Part 1 理論編」の説明を読み返してみてください。
　では、Let's move on!

# Part 2
# 実 践 編

「Part 2 実践編」では、12種類の発話行為のやり方を学びます。どの発話行為も、日常生活やビジネスの場面で行う機会が多いだけでなく、ポライトネスに気をつけて話さないと「不適切な英語」「失礼な英語」なってしまう可能性が高いものばかりです。それぞれのユニットには、社会的文脈が異なる2つの場面が用意されています。まずは、その場面で自分なら何と言うか考えてみてください。その後で、ネイティブの実例を見ながら、英語の適切な話し方のルールを学んでいきましょう。

# Unit 1 Request » 依頼

> 依頼のルール

〈**依頼**〉は、話し手が聞き手に対して、話し手の利益になる行為をしてほしいと伝える発話行為です。しかし、特定の行為を要求することは、聞き手（相手）の行動の自由を妨げることになるので、聞き手のネガティブ・フェイスを脅かす可能性があります。そのため、依頼をするときには、聞き手のネガティブ・フェイスを守るために、相手との関係や要求する行為の負担の重さに応じて、より丁寧な表現を選ぶことが大切です。ポイントとなるのは、主に以下の要因です。

**(a) 相手との関係** 》 親しい↔知り合い↔知らない、目上↔同等↔目下
**(b) 相手が依頼を引き受ける義務** 》 あり／なし
**(c) 相手の負担** 》 大きい↔小さい

例えば…

▷ **相手がよく知らない人や目上の人の場合**
　→親しい友人に頼むときと比べて、より丁寧な表現が好まれる傾向がある。

▷ **負担の大きいことを頼む場合**
　→より丁寧な言い方や遠慮がちな表現を用いて、押しつけを弱めたり配慮を示したりする必要がある（たとえ親しい相手や目下の相手に対してであっても配慮が必要）。

▷ **ほとんど負担のかからないことや、相手側に応じる義務がある内容の場合**
　→それほど遠慮がちな言い方や間接的すぎる言い方でなく、簡潔な言い方でOK（相手が目上やよく知らない人であっても同様）。

では、実際の会話の場面を想像して、英語で依頼をしてみましょう。

Unit 1　Request 依頼

## Situation 1

### Let's try

　次のような会話の場面で、あなたなら何と言いますか？ 自分が実際にその状況にいることを想像して、考えてみてください。

　あなたは貿易会社の課長です。昨日（月曜日）、部下の Tom Baker に金曜日までに報告書を書くように指示しました。しかし、今日（火曜日）になって、明日（水曜日）の午後の部長との打ち合わせにその報告書が必要なことがわかりました。Tom はほかの業務に追われていますが、あなたは明日の朝までに報告書を提出するように依頼します。

You:
_____
_____
_____
_____
_____

　では、ネイティブはどうやって依頼をするのか、見てみましょう。あなた自身のやり方と比べてみてください。

> ネイティブはこう話す

Situation 1 は、業務に関して課長が部下に対して行う依頼ですので、部下である相手は基本的に断ることはできません。しかし、急な変更であることや締切りまでに時間がないことから、相手に押しつける負担はかなり大きいと言えるでしょう。

**(a)** 相手との関係　»　知り合い（社内）、目下
**(b)** 相手が依頼を引き受ける義務　»　あり
**(c)** 相手の負担　»　大きい

それでは、ネイティブの依頼の仕方を見てみましょう。Situation 1 のコアセンテンスで使われた主な表現は、以下の通りです。一般に、間接度が高くなるほど、より控えめで丁寧な言い方になります。

---

**依頼のコアセンテンスで使われる表現**

①直接的〜やや直接的な表現

　I would like [need] you to ...
　Please ＋ 命令形
　Would you ... ?
　Can [Could] you (please) ... ?
　Would you be able to ... ?
　Would you mind ...ing?

②やや間接的な表現

　Do you think you can [could] ... ?
　Is there [Would there be] any chance [way] you can [could] ... ?

③非常に間接的な表現

　If you could ..., that'd be great.
　I would appreciate it [be grateful] if you can [could] ...

次は、補助ストラテジーです。Situation 1 で使われた主な補助ストラテジーには、以下のようなものがありました。

> **依頼の補助ストラテジー**
>
> 前置き： Do you remember that report I asked you to write up by Friday?
> 説明： Something's come up and I'm going to need that report for tomorrow morning.
> 先回り： I understand that you're busy.
> 負担の軽減： Let's see if we can get you some help and rearrange some of your other deadlines.
> 感謝： Thanks.
> 謝罪： I'm sorry for the short notice.

では、ネイティブの実際の回答をいくつか具体的に見ていきましょう。

### (1) イギリス 40 代女性

> Tom, I'm really sorry but that report I asked you for by Friday, I'm going to need it by Wednesday as I have a meeting with the department director and I know she'll want to see it. I know you are really busy, but <u>could you get it to me for then?</u> I'm sorry for the short notice.
>
> トム、ほんと申し訳ないんだけど、金曜日までにお願いしていた報告書、水曜日までに必要になったの。部長との打ち合わせが入っちゃって、彼女、報告書を見たがると思うのよね。あなたが忙しいのはわかってるけど、それまでに提出してもらうことはできる？ 急な話でごめんなさい。
>
> **呼びかけ ＋ 謝罪 ＋ 説明 ＋ 先回り ＋ コアセンテンス ＋ 謝罪**

　(1) は、コアセンテンスで Could you ...? という「①やや直接的な表現」を使って依頼している例です。Situation 1 で最もよく使われたのは「①直接的～やや直接的な表現」で、約 4 割のネイティブが使っていました。中でも、Can you (please) ...?（12%）、Could you (please) ...?（10%）がよく使われていました。
　また、(1) では「謝罪」、「説明」、「先回り」の 3 種類の補助ストラテジーが使

われています。「謝罪」は、相手のネガティブ・フェイスを侵害することを直接詫びる補助ストラテジーで、40%のネイティブに使われていました（ほかの例：I'm sorry this is so last minute.（ぎりぎりでごめんなさい））。「説明」は、依頼の理由や状況を示す補助ストラテジーで、ほぼ全員（96%）の回答で使われていました。Situation 1 では「報告書が明日の部長との打ち合わせで必要になった」という内容ですが（ほかの例：I just found out that I need that report by tomorrow morning for a meeting with the director.（あの報告書、部長との打ち合わせのために明日の朝までに必要なことがわかったんだ））、こうした説明をせずにただ提出を早めるように言うのは、たとえ部下に対する業務上の依頼であっても失礼になります。「先回り」は、相手が依頼を断る理由を先回りして言ってしまう補助ストラテジーで、約7割のネイティブが使っていました。I know you are really busy. と言うことによって、Tom が「今忙しいんです」と不満を言えないようにすると同時に、相手の状況も理解したうえでお願いしているのだということも示せるわけです（ほかの例：I know you are swamped.（仕事で手一杯なのはわかってるけど））。

このように様々な補助ストラテジーを組み合わせて相手への配慮を示すことによって、Could you ...? という「①やや直接的な表現」による押しつけの強さを緩和しています。

> **(2) アメリカ40代男性**
>
> Tom. You know that report you're supposed to do this week? It turns out there is a meeting with the department director tomorrow, and it would be really good to have it for that meeting. <u>Is there any way you can get it to me by then?</u>
>
> トム、今週書いてもらうことになっている報告書なんだけど。明日部長と打ち合わせすることになったから、そのときにあるとすごく助かるんだ。それまでに仕上げてもらうことはできるかな？
>
> 呼びかけ ＋ 前置き ＋ 説明 ＋ コアセンテンス

(2) は、コアセンテンスで Is there any way you can ...? という「②やや間接的な表現」を使っている例です。「②やや間接的な表現」を使ったネイティブは20%で、

その中では Is there any chance you can [could] ... ?（8%）と Do you think you can [could] ... ?（8%）がよく使われていました。

### (3) アメリカ 50 代女性

Hi Tom. Can I speak to you a moment? I know you are busy, but I just found out that the report I needed by Friday has now been requested tomorrow afternoon for a meeting with the department director. I apologize for the short notice, but <u>would really appreciate it if you can get that to me by tomorrow morning.</u>

ねえトム。ちょっといい？ 忙しいとは思うんだけど、金曜までに必要だった報告書、明日の午後の部長との打ち合わせで必要になっちゃったの。急なお願いでごめんなさい。でも、明日の朝までにもらえるととても助かるんだけど。

---

**呼びかけ ＋ 前置き ＋ 先回り ＋ 説明 ＋ 謝罪 ＋ コアセンテンス**

(3) も、多くの補助ストラテジーを駆使している例です。この例では、「**前置き**」をしてから、「**先回り**」、「**説明**」、「**謝罪**」を行い、最後に依頼をしています。「**前置き**」は本題に入る前に相手に心の準備をしてもらう補助ストラテジーで、24% のネイティブが使っていました。また、(3) ではコアセンテンスにも I would really appreciate it if you can ... という「③非常に間接的な表現」を使っていて、とても丁寧な依頼になっています。「③非常に間接的な表現」を使ったネイティブは 14% で、ほとんどが I would appreciate it if you can [could] ... でした。

### (4) アメリカ 20 代女性

Tom, I'm sorry to drop this on you with all you have going on, but I just found out that I need that report by tomorrow morning for a meeting with the director. Thanks for your help.

トム、いろいろな仕事を抱えているときにお願いすることになって悪いんだけど、あの報告書、部長との打ち合わせのために、明日の朝までに必要になっちゃったの。協力してもらえると助かるんだけど。

---

**呼びかけ ＋ 謝罪 ＋ 説明 ＋ 感謝**

「説明」は、コアセンテンスの代わりに使われることもあります。コアセンテンスによってはっきりと依頼をする代わりに、(4) のように「**説明**」によって依頼をほのめかすわけです。Situation 1 では、約3割のネイティブがこの方法で依頼をしていました。「英語では直接的に表現しなければいけない」と思っている読者もいるかもしれませんが、必ずしもそうではないのですね。

> **(5) イギリス 20 代男性**
>
> I have just learnt that Friday's report has been brought forward and is now needed for tomorrow. I realise that you are busy, but <u>I need you to prioritise this task.</u> Don't worry about your other responsibilities. I will make sure they are covered. <u>Please have it completed and on my desk by first thing tomorrow morning.</u> Thanks Tom!
>
> 金曜日の報告書、前倒しになって、明日必要になったんだ。きみが忙しいことはわかっているけど、この仕事を最優先にしてもらいたい。ほかの仕事はカバーするから心配しなくていいよ。仕上げたら、明日の朝一で僕のところに持って来てくれ。頼んだよ。
>
> 説明 ＋ 先回り ＋ コアセンテンス ＋ 負担の軽減 ＋ コアセンテンス ＋ 感謝

Situation 1 でよく使われていた補助ストラテジーには、「**負担の軽減**」もあります。これは、何かしらの手助けをすることなどを伝えて相手が感じる負担を軽くする補助ストラテジーで、約4割のネイティブによって使われていました（ほかの例：If I can help you out with some of the other stuff on your plate, let me know.（もし担当しているほかの仕事で手伝えるものがあったら、知らせてね））。

(5) でも、いくつもの補助ストラテジーを組み合わせて相手への配慮を示すことによって、コアセンテンスで使われている「①直接的な表現」（I need you to ... / Please ＋ 命令文）とのバランスをうまくとっていることがわかりますね。

> ネイティブ・データからの結論

　部下に対する業務上の依頼とはいえ、容赦なく締切りの変更を申しつけるような言い方は避けたいものです。相手の負担は大きいので、いくつかの補助ストラテジーを駆使して、相手の気持ちに配慮を示すようにしましょう。「**説明**」は必ずするようにして、「**先回り**」(例：I know you are busy. (忙しいのはわかっている))、「**負担の軽減**」(例：Don't worry about your other responsibilities. (ほかの仕事の心配はしないで))、「**謝罪**」(例：I'm sorry for the short notice. (急な話で申し訳ない))、「**感謝**」(例：Thanks for your help. (協力してもらえると助かるよ)) のうちのいくつかを組み合わせるとよさそうです。業務に関する依頼なので、補助ストラテジーによって相手のフェイスに十分配慮しているのであれば、コアセンテンスには「①直接的〜やや直接的な表現」の Could you (please) ...? あたりを使えば十分と言えそうですが、もう少し丁寧に頼みたい場合は、Do you think you can [could] ...? や Is there any chance you can [could] ...? を、さらに丁寧にしたい場合には、I would appreciate it if you can [could] ... を使うこともできます。

## Situation 2

### Let's try

　次のような会話の場面で、あなたなら何と言いますか？ 自分が実際にその状況にいることを想像して、考えてみてください。

　あなたは会社のエレベーターに乗り込みましたが、両手に大量のファイルを抱えているため、行き先階のボタンを押すことができません。ほかにエレベーターに乗っていたのは取締役一人だけだったので、彼に5階（米 fifth floor、英 fourth floor）のボタンを押してくれるように依頼します。

You:

　では、ネイティブはどうやって依頼をするのか、見てみましょう。あなた自身のやり方と比べてみてください。

> ネイティブはこう話す

　自社の取締役にエレベーターのボタンを押してもらう依頼です。かなり目上で、ほとんど接したことのない相手ですし、相手には依頼に応じる義務はありません。しかし、ボタンを押すだけなので、相手に押しつける負担は非常に小さいと言えます。

**(a) 相手との関係**　»　よく知らない（社内）、目上
**(b) 相手の義務**　»　なし
**(c) 相手の負担**　»　小さい

　それでは、ネイティブの依頼の仕方を見てみましょう。Situation 2 のコアセンテンスで使われた主な表現は、以下の通りです。一般に、間接度が高くなるほど、より控えめで丁寧な言い方になります。

---

**依頼のコアセンテンスで使われる表現**

①直接的〜やや直接的な表現

　　Would you (please) ... ?
　　Can [Could] you (please / possibly) ... ?
　　Would you be able to ... ?
　　Could I ask you to ... ?
　　Do [Would] you mind ...ing?

②やや間接的な表現

　　Do you think you could ... ?
　　Would it be possible (for you) to ... ?
　　Is there any chance [way] you could ... ?

③非常に間接的な表現

　　該当なし

次は、補助ストラテジーです。Situation 2 で使われた主な補助ストラテジーには、以下のようなものがありました。

---

**依頼の補助ストラテジー**

謝罪： I'm sorry.
説明： My hands are full and I can't seem to reach the button.
感謝： Thanks so much.

---

では、ネイティブの実際の回答をいくつか具体的に見ていきましょう。

## (1) アメリカ20代女性

Excuse me sir, but <u>could you please push the button for the fifth floor?</u>

すみませんが、5階のボタンを押していただけますか？

---
**呼びかけ ＋ コアセンテンス**

---

(1) は、呼びかけた後、コアセンテンスだけを使って依頼をしている例です。Situation 1 とは異なり、相手の負担は非常に小さいため、補助ストラテジーを使って相手のフェイスに配慮をする必要もないわけです。コアセンテンスの表現も、Could you please ...? という「①やや直接的な表現」が使われています。

## (2) イギリス20代男性

Excuse me, <u>is there any chance you could press the fourth floor button for me?</u>

すみません。5階のボタンを押していただくことはできますでしょうか？

---
**呼びかけ ＋ コアセンテンス**

---

(2) は、Is there any chance you could ...? という「②やや間接的な表現」が使われている例です。Situation 2 では、(1) や (2) のようにコアセンテンスだけで簡

25

潔に依頼をする回答が多く見られました。

　コアセンテンスでは、9割以上のネイティブが「①直接的〜やや直接的な表現」を使っており、「②やや間接的な表現」を使ったネイティブは8%だけでした。「③非常に間接的な表現」を使ったり、コアセンテンスを使わずに依頼をほのめかしたりしたネイティブは一人もいませんでした。

「①直接的〜やや直接的な表現」の中で使用頻度が高かったのは、Could you (please) ... ?（48%）、Would you mind ...ing?（22%）、Can you (please) ... ?（10%）です。また、Could you ... ? と Can you ... ? の72%が緩和表現の please とともに使われていました。緩和表現とは、語調を和らげたり、控えめにしたりするために使われる単語や慣用句のことです。

> **(3) アメリカ 30 代男性**
>
> Excuse me, sir, but <u>would you mind pushing "five" for me?</u> My hands are a bit full at the moment.
>
> すみませんが、5階を押していただいてもよろしいですか？ 今両手が塞がっているもので。
>
> ---
> **呼びかけ ＋ コアセンテンス ＋ 説明**

　(3) では、コアセンテンスに続けて、「両手が塞がっている」という「**説明**」が加えられています。Situation 1 では 96% のネイティブが「**説明**」を使っていましたが、Situation 2 では 28% だけでした。両手が塞がっているのは見ればわかることですし、相手の負担も大きくないので、あえて説明をする必要がないと判断した人が多かったのでしょう。

> **(4) イギリス 20 代男性**
>
> Excuse me. Sorry to bother you, but <u>would you mind pushing level four for me?</u> Thanks.
>
> すみません。お手数をおかけしますが、5階を押していただいてもよろしいですか？ ありがとうございます。
>
> ---
> **呼びかけ ＋ 謝罪 ＋ コアセンテンス ＋ 感謝**

(4) では「**謝罪**」と「**感謝**」が使われています。Sorry to bother you. は、相手を煩わせることを詫びる表現で、相手のネガティブ・フェイスへの配慮を示すとともに、依頼の前置きとしての役目も果たしています。ほかに Hope you don't mind.（お気に障らないといいのですが）という表現も使われていました。

### ネイティブ・データからの結論

目上で、しかも、ほぼ面識のない相手に対する依頼ですが、相手の負担はとても小さいので、それほど間接的な表現を使う必要もなく、Situation 1 のように様々なストラテジーを駆使して、相手の気持ちに配慮を示す必要もないようです。

Excuse me. と呼びかけてから、Could you push the button for the fifth [fourth] floor?（5階のボタンを押していただけますか）あるいは Would you mind pushing the button for the fifth [fourth] floor?（5階のボタンを押していただいてもよろしいですか）などと言って依頼し、最後に Thank you. と「**感謝**」すれば十分です。

### アメリカ英語 vs. イギリス英語

Situation 1 では、英米間で依頼の仕方に大きな違いはありませんでしたが、Situation 2 では、緩和表現 please を使った割合がイギリス人（32%）はアメリカ人（16%）の2倍でした。また、アメリカ人は「感謝」（72%）が「謝罪」（4%）よりもはるかに多かったのに対して、イギリス人は「感謝」（44%）と「謝罪」（32%）の頻度に大きな差はありませんでした。このデータからは、負担の軽い依頼をするときに、アメリカ人よりもイギリス人のほうが緩和表現の please をよく使い、頻繁に謝罪もすると言えるかもしれません。

# Unit 2 | Asking for permission » 許可求め

## 許可求めのルール

〈許可求め〉は、依頼の一種です。「話し手の利益になる行為をしてほしいと伝える」発話行為が依頼ですが、この「話し手の利益になる行為」を「許可を与える行為」に限定すると許可求めになります。許可求めも依頼と同様、聞き手（相手）の行動の自由を妨げる発話行為なので、聞き手のネガティブ・フェイスを守るために、相手との関係や相手にかける迷惑の大きさに応じて、より丁寧な表現を選ぶ必要があります。ポイントとなるのは、主に以下の要因です。

**(a) 相手との関係** » 親しい↔知り合い↔知らない、目上↔同等↔目下
**(b) 相手にかかる迷惑** » 大きい↔小さい

例えば…

▷ **相手がよく知らない人や目上の人の場合**
　→親しい友人の場合と比べて、より丁寧な表現が好まれる傾向がある。

▷ **許可することによって相手に多大な迷惑がかかる場合**
　→より丁寧な言い方や遠慮がちな表現を用いて、押しつけを弱めたり配慮を示したりする必要がある（たとえ親しい相手や目下の相手に対してであっても配慮が必要）。

▷ **ほとんど迷惑がかからない内容の場合**
　→それほど遠慮がちな言い方や丁寧すぎる言い方でなく、簡潔な言い方でOK（相手が目上やよく知らない人であっても同様）。

では、実際の会話の場面を想像して、英語で許可を求めてみましょう。

## Unit 2　Asking for permission 許可求め

### Situation 1

#### Let's try

次のような会話の場面で、あなたなら何と言いますか？ 自分が実際にその状況にいることを想像して、考えてみてください。

> あなたは今日までに提出しなければならない報告書を作成していますが、今日中にできあがりそうにありません。そこで、上司の Michael Roberts に、明日の朝に提出させてもらえるよう許可を求めます。

You:
_____
_____
_____
_____
_____

では、ネイティブはどうやって許可を求めるのか、見てみましょう。あなた自身のやり方と比べてみてください。

> ネイティブはこう話す

Situation 1 は、上司である目上の相手に許可を求める状況です。求める許可の内容は業務に関することであり、相手にかかる迷惑はかなり大きいと考えられるため、なるべく間接的で遠慮がちな言い方をしたほうがよいと思われるケースです。

**(a) 相手との関係** » 知り合い（社内）、目上
**(b) 相手にかかる迷惑** » 大きい

それでは、ネイティブの許可の求め方を見てみましょう。Situation 1 のコアセンテンスで使われた主な表現は、以下の通りです。一般に、間接度が高くなるほど、より控えめで丁寧な言い方になります。

---

**許可求めのコアセンテンスで使われる表現**

① **やや直接的な表現**

　Could I ... ?
　May I ... ?
　Would I be able to ... ?
　I should be able to ..., is that okay?
　I hope you don't mind if I ...
　Do [Would] you mind if I ... ?

② **やや間接的な表現**

　Would it be possible [okay / alright] for me to [if I] ... ?
　Do you think it would be possible to ... ?
　Would there be any problem if I ... ?
　Is there [Would there be] any chance [possibility / way] that I can [could] ... ?

③非常に間接的な表現

　　I was wondering if I could ...
　　I was wondering if it was (all) possible to ...
　　I was wondering if it would be okay if I ...

　次は、補助ストラテジーです。Situation 1 で使われた主な補助ストラテジーには、以下のようなものがありました。

**許可求めの補助ストラテジー**

説明： It doesn't look like I'm going to have this report finished today.
弁解： I've been very busy with other work.
先回り： I know that you wanted this report today.
謝罪： I'm awfully sorry.
感謝： I'd really appreciate this.

　では、ネイティブの実際の回答をいくつか具体的に見ていきましょう。

### (1) アメリカ 20 代女性

Mr. Roberts, I'm sorry, but I really don't think this report will be ready today. Would it be possible for me to finish it up tonight and have it to you first thing tomorrow morning? I'd really appreciate this.

ロバーツさん、申し訳ありませんが、今日中には報告書を仕上げられそうにありません。今晩中に仕上げて、明日の朝一でお渡しさせていただくことは可能でしょうか？ そうさせていただけたら、本当に助かります。

**呼びかけ ＋ 謝罪 ＋ 説明 ＋ コアセンテンス ＋ 感謝**

　(1) では、コアセンテンスに Would it be possible for me to ...? という「②やや間接的な表現」を使って、遠慮がちにお願いしています。Situation 1 では、ネイティブの 70% が「②やや間接的な表現」を使っていました。最もよく使われていた表現は、全体の 42% を占めていた Would it be possible [okay / alright] for

me to [if I] ... ? で、次は、Is there any chance [possibility / way] that I could ... ?
（16%）でした。

　また、(1) では、コアセンテンスとともに、「謝罪」、「説明」、「感謝」の3つの補助ストラテジーが使われています。補助ストラテジーの中では「説明」の使用頻度が最も高く、ネイティブの82%が「締切りに間に合わない」「もう少し時間がかかる」などの状況を説明していました（ほかの例：I'm working on that report, but it looks like I'm not going to be able to finish it today.（報告書、今やっているんですが、今日仕上げられそうにないんです））。一方、「謝罪」をしたネイティブは32%しかいませんでした（ほかの例：I'm so sorry. / I'm really sorry.）。これは日本人の感覚ではかなり少ないと感じるかもしれませんね。

> **(2) イギリス20代男性**
>
> Excuse me Mr. Roberts. It appears I'm not going to be able to finish the report by today. <u>I was wondering if it was all possible to submit it by tomorrow morning?</u> I'm awfully sorry.
>
> あの、ロバーツさん。今日中に報告書を仕上げることができなさそうなんです。もしかして明日の朝提出させていただくことはできないかと思いまして。大変申し訳ありません。
>
> 呼びかけ ＋ 説明 ＋ コアセンテンス ＋ 謝罪

　(2) は、I was wondering if it was all possible to ... という「③非常に間接的な表現」を使っている例です。「謝罪」も併用して、迷惑をかけることを非常に申し訳なく思っていることが伝わる言い方になっています。しかし、この例のように「③非常に間接的な表現」を使ったネイティブは6%しかいませんでした。

> **(3) アメリカ50代女性**
>
> Mr. Roberts, I know that the report is due today but because of the emergency situation that arose yesterday, that took up a whole chunk of the day, <u>I hope you don't mind if I submit the report tomorrow morning instead.</u> I would prefer to give you my best quality work and not a rushed job.

> ロバーツさん、今日が報告書の締切りだということはわかっているんですけど、昨日緊急事態が起こってしまって、その対応で丸一日かかってしまったので、明日の朝に提出してもかまわないでしょうか？やっつけ仕事ではなく、最善の報告書を出したいんです。
>
> **呼びかけ ＋ 先回り ＋ 弁解 ＋ コアセンテンス ＋ 弁解**

　(3) では、I hope you don't mind if I ... という「①やや直接的な表現」が使われています。また、「謝罪」はなく、その代わりに「**先回り**」や「**弁解**」が使われているため、(2) とは反対に、話し手自身のポジティブ・フェイス（自分に対する他人からの評価を下げたくないという願望）を守ろうとしている印象を与えます。「**先回り**」（ほかの例：I know that you need the report today.（報告書が今日必要なことはわかっています）/ I know I was supposed to submit the report you wanted by the end of today.（ロバーツさんが必要な報告書、今日中に提出することになっているのは承知しています））は 14%、「**弁解**」（ほかの例：This report is more complicated than we thought.（報告書が予想していた以上に複雑なんです）/ I don't want to rush it and make a mess.（性急にやって、台無しにしたくないんです））は 30% のネイティブに使われていました。

　(3) のように「①やや直接的な表現」を使ったネイティブの割合は 24% で、その中では Would you mind if I ... ?（8%）が最も多く使われていました。

### ネイティブ・データからの結論

　業務に関する締切りを守れず上司に迷惑をかける状況ですので、コアセンテンスでは Would it be possible [okay / alright] for me to [if I] ... ? や、Is there any chance [possibility / way] that I could ... ? などの「②やや間接的な表現」を使うのがよさそうです。I have a bit more left of the report.（報告書、あと少し残っているんです）などと「**説明**」も必ずしましょう。申し訳ないという気持ちを強く伝えたい場合には、I'm so [really / awfully] sorry. と「**謝罪**」を加えるとともに、I was wondering if it was possible to ... などの「③非常に間接的な表現」を使って、より丁寧に許可を求めてもよいかもしれません。

## notes

Unit 2　Asking for permission　許可求め

## Situation 2

### Let's try

　次のような会話の場面で、あなたなら何と言いますか？　自分が実際にその状況にいることを想像して、考えてみてください。

> 　あなたは取引先のオフィスを訪ねて、Diana Carter 部長と新規取引について交渉しています。契約条件について確認するため上司に電話しようとして、携帯電話を自分の机の上に置き忘れてきたことに気がつきました。Carter 部長に先方のオフィスの電話を使わせてもらえるよう許可を求めます。
>
> You:
> _____
> _____
> _____
> _____
> _____

　では、ネイティブはどうやって許可を求めるのか、見てみましょう。あなた自身のやり方と比べてみてください。

35

> ネイティブはこう話す

Situation 2 では、相手は取引先の部長ですが、求める許可の内容はちょっと電話を借りるだけですので、相手の迷惑になるようなものではありません。Situation 1 と比べると、そこまで間接的で遠慮がちな言い方をしなくてもよさそうです。

**(a) 相手との関係** » 知り合い（社外）、目上
**(b) 相手にかかる迷惑** » 小さい

それでは、ネイティブの許可の求め方を見てみましょう。Situation 2 のコアセンテンスで使われた主な表現は、以下の通りです。一般に、間接度が高くなるほど、より控えめで丁寧な言い方になります。

**許可求めのコアセンテンスで使われる表現**

①やや直接的な表現

　Can [Could] I (please) ... ?
　(Please) May I ... ?
　Would I be able to ... ?
　Do [Would] you mind if I ... ?

②やや間接的な表現

　Do you think I could ... ?
　Would it be possible [okay / alright] (for me) to [if I] ... ?
　Would there be any problem if I ... ?
　Is there any chance I can [could] ... ?

③非常に間接的な表現

　I wonder if you would mind if I ...
　I was wondering if I could ...

次は、補助ストラテジーです。Situation 2 で使われた主な補助ストラテジーに

は、以下のようなものがありました。

> **許可求めの補助ストラテジー**
>
> 説明： I've seemed to have left my phone at my desk.
> 謝罪： I'm so sorry.
> 自己非難： I'm such an idiot.
> 感謝： Thanks.

では、ネイティブの実際の回答をいくつか具体的に見ていきましょう。

## (1) アメリカ 50 代女性

Diana, <u>could I please use your phone to contact my manager to confirm the terms on the contract?</u> I seem to have left my cell phone at the office.

ダイアナさん、上司に契約条件の確認の電話をするためにお電話をお借りできますか？ 携帯電話をオフィスに置いてきてしまったみたいなんです。

**呼びかけ ＋ コアセンテンス ＋ 説明**

## (2) アメリカ 20 代男性

Excuse me, Ms. Carter. It seems that I've left my cell phone back at my office. I'll need to call my boss to finalize the contract terms, so <u>may I use your office phone?</u>

すみません、カーターさん。どうやら携帯電話をオフィスに置いてきてしまったようなんです。上司に電話して契約条件の最終確認をする必要があるんですが、オフィスのお電話をお借りしてもいいですか？

**呼びかけ ＋ 説明 ＋ コアセンテンス**

Situation 2 では、電話を貸すことによって相手が被る迷惑はほとんどないため、断られる可能性はかなり低いと考えられます。そのため、社外の目上の相手であっても、Situation 1 よりも簡潔に許可を求める傾向が見られました。特に多かっ

たのは、(1) や (2) のように、コアセンテンスに「**説明**」を加えただけのパターンです。94% のネイティブが「**説明**」をしていました。

　コアセンテンスも、Situation 1 と比べて「①やや直接的な表現」の割合が高く、約 6 割を占めていました。その中でも使用頻度が高かったのは、Do you mind if I ...?（14%）、Would you mind if I ...?（10%）、Could I ...?（10%）、May I ...?（8%）でした。

> **(3) イギリス 20 代女性**
>
> I'm really sorry, but I seem to have left my phone at my office. <u>Would you mind if I used your phone to call my boss to confirm the contract terms?</u>
>
> 誠に申し訳ありませんが、携帯電話をオフィスに置いてきてしまったようなんです。上司に契約条件の確認の電話をするためにお電話をお借りしてもかまいませんか？
>
> ―――――――――――――――――――
> **謝罪 ＋ 説明 ＋ コアセンテンス**

　(3) も、「①やや直接的な表現」（Would you mind if I ...?）を使っている例ですが、はじめに「**謝罪**」をしているため、(1) や (2) と比べるとやや丁寧な印象です。「**謝罪**」をしたネイティブは全体の 28% で、ほとんどがイギリス人でした（米 8%、英 48%）。

> **(4) イギリス 30 代男性**
>
> I'm extremely sorry about this, but I seem to have misplaced my phone. <u>Would it be possible to use one of your phones?</u>
>
> 大変申し訳ないんですが、携帯を置き忘れてきてしまったようなんです。こちらの電話をお借りすることは可能でしょうか？
>
> ―――――――――――――――――――
> **謝罪＋ 説明 ＋ コアセンテンス**

　(4) は、コアセンテンスに「②やや間接的な表現」を使っている例です。「②やや間接的な表現」を使ったネイティブは 38% で、特に使用頻度が高かったのは、Would it be possible [okay / alright] (for me) to [if I] ...?（22%）でした。

> ネイティブ・データからの結論

　許可を求める相手は社外の目上の人ですが、相手にかかる迷惑は小さいので、「**コアセンテンス ＋ 説明**」という簡潔な言い方でも失礼にはなりません。コアセンテンスの表現も、「①やや直接的な表現」である Could I ...? / May I ...? / Would you mind if I ...? などで問題ありません。より丁寧にお願いしたい場合には、I'm really sorry. と「**謝罪**」をしたうえで、Would it be possible [okay / alright] (for me) to [if I] ...? などの「②やや間接的な表現」を使って許可を求めるとよいでしょう。

## アメリカ英語 vs. イギリス英語

　Situation 1 では、コアセンテンスに英米間の違いはあまりありませんでしたが、Situation 2 では、「①やや直接的な表現」の割合はアメリカ人のほうが高く（米 68%、英 48%）、「②やや間接的な表現」の割合はイギリス人のほうが高い（米 24%、英 52%）という違いがありました。また、補助ストラテジーでは、「謝罪」に特徴がありました。相手にかかる迷惑が大きい Situation 1 では、「謝罪」の頻度はそれほど違いませんでしたが（米 28%、英 36%）、あまり迷惑がかからない Situation 2 において、イギリス人の「謝罪」の頻度がはるかに高くなりました（米 8%、英 48%）。〈Unit 1 依頼〉の場合と同様に、相手にあまり迷惑がかからない状況でも、間接的な表現を使ったり、謝罪をしたりする頻度が高いイギリス人のほうが、相対的にネガティブ・ポライトネスを重視する傾向にあると言えそうです（〈Unit 7 謝罪〉も参照してください）。

# Unit 3　*Invitation* » 誘い

> 誘いのルール

〈誘い〉は、話し手がこれから行おうとしていることに対して、聞き手（相手）の参加を促す発話行為ですが、聞き手の行動の自由を妨げることになるため、聞き手のネガティブ・フェイスを脅かす可能性があります。これは、特に誘う内容が聞き手にとって興味や関心がないこと、やりたくないことだった場合や、あまり親しくない関係で、聞き手が自分と共に行動したいかどうかわからない場合に顕著です。そのため、誘うときには、聞き手のネガティブ・フェイスに配慮して、内容や状況、聞き手との関係に応じて丁寧度を高める工夫が必要になります。次の点に気をつけましょう。

**(a) 相手との関係**　»　親しい↔知り合い↔知らない、目上↔同等↔目下
**(b) 相手の興味・関心**　»　高い↔低い
**(c) 相手の都合**　»　良い↔悪い

友人など親しい相手を誘うときや、それまでの文脈などから相手がその誘いを受け入れる可能性が高そうなときには積極的で直接的な表現が、受け入れられるかどうかわからないときには間接的な表現が使われる傾向があります。

例えば…
▷ **相手がよく知らない人や目上の人の場合**
　→親しい友人を誘うときと比べて、より丁寧で控えめな表現が好まれる。
▷ **興味がない、または興味があるかどうかわからない、都合が悪いといったことから、相手が応じる可能性が高いとは予想できない場合**
　→押しつけがましくならないように婉曲的な誘い方をすることが多いが、相手を説得するためにあえて積極的に誘う場合もある。
▷ **相手の興味があることに誘う場合**
　→積極的な表現が好まれる（社交辞令と思われないように）。

では、実際の会話の場面を想像して、英語で誘ってみましょう。

## Unit 3　Invitation 誘い

## Situation 1

### Let's try

　次のような会話の場面で、あなたなら何と言いますか？　自分が実際にその状況にいることを想像して、考えてみてください。

> 　あなたは今週末に友人と芝居を見に行く予定でしたが、友人は突然来られなくなってしまいました。チケットは2枚ともあなたが持っています。あなたは以前に会社の上司（Michael Roberts）がその芝居を見に行ってみたいと言っていたことを思い出しました。翌日、オフィスで彼を一緒に芝居に行かないかと誘います。
>
> You:

　では、ネイティブはどうやって誘うのか、見てみましょう。あなた自身のやり方と比べてみてください。

> ネイティブはこう話す

　会社の上司を誘う状況です。相手が行きたがっていた芝居なので、ほかに支障になることがなければ応じてくれる可能性は高いでしょう。ただし、職場で仕事以外の話をすることになるので、前置きをしたり、状況や相手を誘う理由をきちんと説明したりしたほうがよさそうです。

**(a) 相手との関係**　»　知り合い（社内）、目上
**(b) 相手の興味・関心**　»　高い
**(c) 相手の都合**　»　わからない

　それでは、ネイティブの誘い方を見てみましょう。Situation 1 のコアセンテンスで使われた主な表現は、以下の通りです。一般に、間接度が高くなるほど、より控えめで丁寧な言い方になります。

---

**誘いのコアセンテンスで使われる表現**

①直接的な表現

　該当なし

②やや間接的な表現

　Do you want to ... ?
　Would you like [want] to ... ?
　Do you fancy ...ing?
　Would you be interested in ...ing?

③非常に間接的な表現

　(I wanted you to know that) You're welcome to ..., if you ...
　You can have my extra ticket, if you ...
　I have an extra [a spare] ticket, if you ...
　It would be lovely if you ...
　I was wondering [wondered] if you would like to ... [be interested in ...ing]

---

次は、補助ストラテジーです。Situation 1 で使われた主な補助ストラテジーには、以下のようなものがありました。

> **誘いの補助ストラテジー**
>
> 前置き： Do you remember that play we were talking about before?
> 説明： I was supposed to go with a friend of mine but she has cancelled.

では、ネイティブの実際の回答をいくつか具体的に見ていきましょう。

### (1) アメリカ 50 代女性

Mr. Roberts. I have tickets to the theater to the play you would like to see. My friend suddenly had to cancel and I have an extra ticket. <u>Would you like to go to the performance this weekend?</u>

ロバーツさん。ご覧になりたいとおっしゃっていたお芝居のチケットを持っているんですが、友人が急に行けなくなったもので、1 枚余ってるんです。今週末お芝居に行くのはいかがですか？

**呼びかけ ＋ 説明 ＋ コアセンテンス**

(1) は、コアセンテンスに Would you like to ... ? という「②やや間接的な表現」を使っている例です。Situation 1 は、相手が関心を持っていることに誘う場面にもかかわらず、相手が上司であるためか、「①直接的な表現」を使ったネイティブは一人もいませんでした。「②やや間接的な表現」と「③非常に間接的な表現」の割合は 50％ ずつでした。

「②やや間接的な表現」の中では、誘いの定番表現である Would you like to ... ?（30％）と Do you want to ... ?（10％）のほかに、Would you be interested in ...ing?（6％）も使われていました（例：Would you be interested in going with me this weekend?（今週末一緒に行くのはいかがですか））。

補助ストラテジーでは、ネイティブの 9 割が「一緒に行く予定だった友人が行けなくなった」「チケットが余っている」といった状況の「**説明**」を加えていました（ほかの例：My friend and I were going to go to the theater this weekend and she had something come up.（今週末に友人と行く予定だったんですけど、用事ができてしまったようなんです）/ I've got a spare ticket as my friend isn't able to come with me.（友人が来られなくなったので、チケットが 1 枚余っているんです））。これには、あまり親しい間柄ではない上司を誘うには理由が必要だからというだけでなく、相手が気兼ねしないようにする目的もあります。

### (2) アメリカ 40 代男性

Michael. Good news! Remember that play you wanted to see? I happen to have an extra ticket. My friend who was going to see it with me canceled. So, <u>I was wondering if you'd be interested in going with me to see it.</u>

マイケルさん。いいお知らせです。見に行きたいとおっしゃっていた芝居、覚えてますか？ 一緒に行く予定だった友人が行けなくなって、チケットが 1 枚余ってるんですよ。それで、私と一緒に見に行くお気持ちはないかなと思いまして。

**呼びかけ ＋ 前置き ＋ 説明 ＋ コアセンテンス**

(2) では、誘いに入る前に、(Do you) Remember that play you wanted to see? という「前置き」をしています。「前置き」はネイティブの 34% が使っていました（ほかの例：I seem to remember that you're interested in seeing this play.（たしかこのお芝居にご興味がおありだったかと思うのですが）/ I know this is a bit short notice.（急なお話なんですけど））。職場で仕事以外の話題を持ち出すのは、やはり唐突だからでしょう。コアセンテンスでは、「③非常に間接的な表現」の I was wondering if you ... が使われていますが、これは相手の都合を気にしながらためらいがちに誘うときにぴったりの表現です。I was wondering [wondered] if you ... は 16% のネイティブが使っていました。

### (3) イギリス 30 代男性

Hi Michael. Remember how you said you'd love to see that play? Well, Fiona has dropped out. So <u>I have a spare ticket, if you fancy joining me?</u>

マイケルさん。あの芝居をとても見たいとおっしゃっていたのを覚えてますか？ あの、フィオナが行けなくなったので、もし一緒にいらっしゃり

たければ、チケットが1枚あるんですけど。

呼びかけ ＋ 前置き ＋ 説明 ＋ コアセンテンス

　(3)のコアセンテンスの I have a spare ticket, if you fancy joining me? も「③非常に間接的な表現」ですが、定型表現ではなく、条件節を用いた文です。条件節には、if you are free / if you don't have any plans / if you're available / if you're interested / if you'd like / if you'd like to go with me などがあり、ネイティブの30%が使っていました。なお、fancy はイギリス人にのみ使われた動詞で、(Do you) Fancy coming with me on Saturday?（土曜日に一緒に行くのはどうですか）といった回答も見られました。また、「余りのチケット」を指す英語としては、アメリカ人は全員 an extra ticket、イギリス人は全員 a spare ticket を使っていました。

### ネイティブ・データからの結論

　上司を芝居に誘うという状況ですが、職場で仕事以外の話をすることになるので、まずは Remember that play you wanted to see?（見たいとおっしゃっていた芝居、覚えてますか）などと「**前置き**」をしてから誘うとよいでしょう。My friend is not able to go with me to the theater this weekend.（友人が今週末に一緒に行けなくなったんです）などと誘う理由の「**説明**」も忘れずにしましょう。よく知っている職場の上司とはいえ、友人のような親しい間柄ではないので、コアセンテンスでは「**①直接的な表現**」は使わずに、Would you like to go to the performance this weekend?（今週末お芝居に行くのはいかがですか）のような「**②やや間接的な表現**」か、I was wondering if you would like to go with me.（私と一緒に行く気はないかなと思いまして）のような「**③非常に間接的な表現**」を使うとよいでしょう。また、条件節を使って I have an extra [a spare] ticket, if you'd like to go with me.（もしよかったら、チケットが1枚余っているんですけど）などとやわらかい口調で誘うのもお勧めです。

45

notes

# Unit 3　Invitation 誘い

## Situation 2

### Let's try

　次のような会話の場面で、あなたなら何と言いますか？ 自分が実際にその状況にいることを想像して、考えてみてください。

> 　あなたはfootball（米 アメフト、英 サッカー）のファンです。今週末に行われる試合を、親しい友人（James Mayer）と見に行きたいと思っています。彼はスポーツ好きではありませんが、一緒に試合に行こうと誘います。

You:
_____
_____
_____
_____
_____

　では、ネイティブはどうやって誘うのか、見てみましょう。あなた自身のやり方と比べてみてください。

47

> ネイティブはこう話す

　誘う相手は親しい友人ですので、くだけた表現を使うことができる状況です。しかし、スポーツがあまり好きではない人をスポーツ観戦に誘うわけですから、相手が素直に応じてくれる可能性はあまり高くないと言えそうです。そこで、相手の気持ちに配慮しながらも、説得するような誘い方が大切になってきます。

**(a) 相手との関係**　»　親しい、同等
**(b) 相手の興味・関心**　»　低い
**(c) 相手の都合**　»　わからない

　それでは、ネイティブの誘い方を見てみましょう。Situation 2 のコアセンテンスで使われた主な表現は、以下の通りです。一般に、間接度が高くなるほど、より控えめで丁寧な言い方になります。

---

**誘いのコアセンテンスで使われる表現**

①直接的な表現

　　Let's ... (, shall we?)
　　We [You] should ...
　　How about ...ing?
　　Why don't we [you] ... ?

②やや間接的な表現

　　Do you want to ... ?
　　Would you like [want] to ... ?
　　(How) Do you fancy ...ing?
　　Would you be interested in ...ing?
　　What do you think of ...ing?

③非常に間接的な表現

　　(I thought) It would be great [fun], if we ...

I would (really) like it if you ...
I was wondering if you want [would like] to ...

次は、補助ストラテジーです。Situation 2 で使われた主な補助ストラテジーには、以下のようなものがありました。

### 誘いの補助ストラテジー

| | |
|---|---|
| 前置き： | You free this weekend? |
| 説明： | I got great seats to the football game this weekend. |
| 先回り： | I know it's not necessarily your thing. |
| 良い結果： | It'll be fun, I promise. |
| 申し出： | I'll buy the drinks afterwards. |
| 意向の確認： | What do you think? |

では、ネイティブの実際の回答をいくつか具体的に見ていきましょう。

### (1) アメリカ 20 代女性

Hey, James! There's going to be a football game this weekend. <u>We should go together.</u> What do you say? It'll be fun!

ねえ、ジェームズ！ 今週末アメフトの試合があるんだ。ぜひ一緒に行かなきゃ。ねえ、どう？ きっと楽しいよ！

---

呼びかけ ＋ 説明 ＋ コアセンテンス ＋ 意向の確認 ＋ 良い結果

(1) では、コアセンテンスに「①直接的な表現」の We should ... が使われています。Situation 1 では「①直接的な表現」を使ったネイティブは一人もいませんでしたが、Situation 2 では Let's go to the game this weekend.（週末に試合を見に行こうよ）、How about coming with me to the match?（一緒に試合に行くのはどう？）など、16% のネイティブが「①直接的な表現」を使っていました。また、(1) では、直後に What do you say? という「**意向の確認**」を続けて、誘いが強引になりすぎないようにしています。

49

## (2) アメリカ 20 代男性

Hey James. I know you aren't a big football fan, but <u>do you wanna come with me to a game this weekend?</u> It'll be fun.

ねえ、ジェームズ。きみがそんなにアメフト好きじゃないってことは知ってるけど、一緒に今週末の試合に行かない？ きっと面白いよ。

**呼びかけ ＋ 先回り ＋ コアセンテンス ＋ 良い結果**

　(2) では、コアセンテンスに Do you want to ...? という「②やや間接的な表現」が使われています。Situation 2 では、ネイティブの 66% が「②やや間接的な表現」を使っていました。また、友人を誘う Situation 2 では、上司を誘う Situation 1 とは反対に、Would you like to ...?（4%）よりも Do you want to ...?（26%）のほうが好まれていました。

　Situation 2 のもう一つの特徴は、「**良い結果**」、「**先回り**」、「**申し出**」など、Situation 1 では使われていない補助ストラテジーが使われていることです。これらは、あまり乗り気ではない相手に誘いを受け入れてもらうために使われる補助ストラテジーだからです。例えば、(2) では、「**先回り**」と「**良い結果**」が使われています。I know you aren't a big football fan. と「**先回り**」することによって、行きたくないかもしれない相手の気持ちに配慮を示すと同時に、「アメフトは好きじゃないから行かない」という理由で断られないようにしています。「**先回り**」は、ネイティブの 60% が使っていました（ほかの例：I know this is not your thing.（きみの趣味じゃないことは知ってるけど）/ I know you're not a huge football buff.（きみが熱狂的なアメフトファンじゃないことは知ってるよ））。「**良い結果**」は、誘いに乗ればよいことがあると伝える補助ストラテジーで、相手を説得するために使われます。「**良い結果**」は 40% のネイティブが使っていました（ほかの例：It will be a great game!（すごい試合になるよ！）/ You'll love it.（気に入ると思うよ））。

## (3) イギリス 30 代女性

James. I don't know whether this is your thing or not, but <u>do you fancy coming to a match?</u>

> ジェームズ。あなたの趣味かどうかわからないけど、試合に行く気はない？

**呼びかけ ＋ 先回り ＋ コアセンテンス**

　(3) も、「**先回り**」を使っている例です。コアセンテンスの Do [Would] you fancy ...ing? はイギリス英語における誘いの定番表現で、Situation 2 ではイギリス人の 44% が使っていました。なお、football の「試合」を意味する単語も英米で異なり、アメリカ英語では game、イギリス英語では match が使われます。

### (4) アメリカ 40 代女性

> James, <u>you should come with me to the football game this weekend.</u> I can teach you something about the game. It will be fun.

> ジェームズ、今週末私と一緒にアメフトの試合に行こうよ。試合のことは私が教えてあげるから。きっと楽しいよ。

**呼びかけ ＋ コアセンテンス ＋ 申し出 ＋ 良い結果**

　(4) は、コアセンテンスの「①直接的な表現」(You should ...) とともに、「**申し出**」と「**良い結果**」を使って積極的に誘っている例です。親しい友人同士であるからか、このように相手のネガティブ・フェイスに対する配慮をまったく見せずに強く誘うネイティブもいました。「**申し出**」は、誘いを受け入れてもらうために話し手ができることを伝える補助ストラテジーで、ほかには I'll pay for you.（チケット代は私が払うから）、I'll buy you chips!（フライドポテト（英）をおごるよ！）などもありました（なお、chips は米では「ポテトチップス」）。

### (5) アメリカ 40 代男性

> Hey James, I know you're not that into sports, but <u>I was wondering if you want to go see a football game with me this weekend.</u>

> ねえ、ジェームズ、きみがあまりスポーツに興味がないことは知ってるけど、今週末に僕と一緒にアメフトの試合を見に行く気はないかなと思ってさ。

**呼びかけ ＋ 先回り ＋ コアセンテンス**

(5)は、「③非常に間接的な表現」の I was wondering if you want to ... を使っている例です。このように「③非常に間接的な表現」を使ったネイティブは18%で、半数が使っていた Situation 1 と比べるとずいぶん少ない印象です。

## ネイティブ・データからの結論

親しい友人を誘う場面なので、「①直接的な表現」も使われますが、相手にあまり関心がないことを考慮し、「②やや間接的な表現」を使って誘う人が多かったようです。友人に対する誘いなので、コアセンテンスではくだけた表現の (Do you) Want to come along?（一緒に行かない？）（イギリス英語なら (Do you) Fancy coming with me?）などを使うとよさそうですね。

相手が誘いに応じてくれる可能性が高いときには必要ありませんが、このケースのように相手が応じてくれる可能性が低いときには、I know you are not all that into sports, but ...（きみがそんなにスポーツ好きじゃないってことは知ってるけど）などと「**先回り**」をして断りにくくしたり、It'll be fun!（きっと楽しいよ！）などと「**良い結果**」に言及したりして、誘いに乗ってくれるように積極的に働きかける補助ストラテジーも組み合わせることが大切です。

### アメリカ英語 vs. イギリス英語

英米間で誘い方そのものには大きな違いはありませんでした。上司を誘う Situation 1 では、英米ともに Would you like to ... ? が最もよく使われた表現でしたが、友人を誘う Situation 2 では、アメリカ英語では Do you want to ... ? が好まれたのに対し、イギリス英語では Do you fancy ...ing? という表現がよく使われていました。フォーマルな誘いでは英米とも同じ表現 (Would you like to ... ?)、くだけた誘いでは違う表現（米 Do you want to ... ?、英 Do you fancy ...ing?）というのが面白いですね。また、細かな語彙の違い（football：米 アメフト、英 サッカー／試合：米 game、英 match／余分な：米 extra、英 spare）も知っておくと便利です。

notes

# Unit 4　Advice » 助言

> 助言のルール

〈**助言**〉は、聞き手（相手）にとって利益になると話し手が考える行為を聞き手に勧める発話行為です。しかし、いくら相手のためを思って言ったとしても、特定の行為を勧めることは聞き手の行動の自由を妨げることになるので、助言は聞き手のネガティブ・フェイスを脅かす行為になりえます。そのため、助言をする際は、聞き手のネガティブ・フェイスを守るために、相手との関係や状況に応じて、より丁寧な表現を選ぶことが大切です。次の点に注意しましょう。

**(a)** 相手との関係　»　親しい↔知り合い↔知らない、目上↔同等↔目下
**(b)** 相手から助言を求められているか　»　求められている／いない
**(c)** 自分が考える相手にとっての利益　»　大きい↔小さい
**(d)** 内容についての知識量　»　多い↔少ない

また、文脈や過去の経験などから、相手が助言を受け入れる可能性が高いと考えられるときには直接的な表現、受け入れるかどうかわからないときには間接的な表現が使われる傾向があります。

例えば…
▷**相手がよく知らない人や目上の人の場合**
　→親しい友人に助言するときと比べて、より丁寧で控えめな表現が好まれる。
▷**助言内容や文脈などから、相手が受け入れる可能性が高いとは予想できない場合**
　→押しつけがましくならないように、婉曲的な言い方をする。
▷**相手から助言を求められている／相手にとっての利益が大きく、実行の負担が少ない／専門的な知識に基づいた助言をするなど、受け入れられる可能性が高そうなことを助言する場合**
　→それほど遠慮がちな言い方をする必要はなく、積極的な表現も使われる。

では、実際の会話の場面を想像して、英語で助言をしてみましょう。

## Situation 1

### Let's try

　次のような会話の場面で、あなたなら何と言いますか？ 自分が実際にその状況にいることを想像して、考えてみてください。

　　あなたの友人である Amy Parker が、転職したいと打ち明けてきました。しかし、彼女が今の会社で働き始めてからまだ3か月しか経っていません。あなたは、もう少し待って様子を見てはどうかと助言します。

You:
_____
_____
_____
_____
_____

　では、ネイティブはどうやって助言をするのか、見てみましょう。あなた自身のやり方と比べてみてください。

> ネイティブはこう話す

　Situation 1 は友人に助言をする状況です。相手から助言を求められているわけではありませんが、親しく対等な関係ですし、転職は人生に大きな影響を与える決断ですので、あなたが相手のためになると信じる内容を積極的に助言したいところです。

**(a)** 相手との関係　》　親しい、同等
**(b)** 相手から助言を求められているか　》　求められていない
**(c)** 自分が考える相手にとっての利益　》　大きい（相手はそう思っていない）
**(d)** 内容についての知識量　》　特に多くない

　それでは、ネイティブの助言の仕方を見てみましょう。Situation 1 のコアセンテンスで使われた主な表現は、以下の通りです。一般に、間接度が高くなるほど、より控えめで丁寧な言い方になります。

---

**助言のコアセンテンスで使われる表現**

① 直接的〜やや直接的な表現

　(Just) 命令形
　You should [need to / ought to] ...
　How about ...ing?
　Why don't you [not] ... ?
　I would suggest [recommend] ...
　I think [I believe / I reckon / Maybe] you should [need to / ought to] ...
　If I were you, I would ...

② やや間接的な表現

　I think it would be wise to ...
　It might be a good idea to ...
　It might be [It's probably] better [best] if you ...
　It might be worth ...ing.

I think [guess / reckon] it's a good idea [it might be an idea] to ...
Don't you think it would be better to ... ?

③非常に間接的な表現

If you want my advice, I'd say ...
What would you think about ...ing?

次は、補助ストラテジーです。Situation 1 で使われた主な補助ストラテジーには、以下のようなものがありました。

---

**助言の補助ストラテジー**

確認： Are you sure you are not rushing things?
共感： I know it's horrible right now.
説明： You have only been in your job three months.
良い結果： You may end up liking it here after a while.
悪い結果： It won't look so good on your resume if you switch jobs after such a short time.

---

では、ネイティブの実際の回答をいくつか具体的に見ていきましょう。

## (1) イギリス 40 代女性

Are you sure you really want to change career? You haven't been working in your current company that long. <u>Why don't you give yourself a bit more time and see if you still feel the same way in a few more months?</u> I would hate for you to make a wrong decision without giving yourself a bit more time.

本当に転職したいの？ 今の会社に入ってからまだ長くないのに。もう少し時間をかけて、数か月後も今と同じ気持ちかどうか確認してみたら？ あなたが焦って誤った決断をしてしまうのは嫌なの。

---

確認 ＋ 説明 ＋ コアセンテンス ＋ 説明

## (2) イギリス 50 代男性

> Amy, you have only been in your job three months. <u>I think you should wait a little longer and see how things go.</u>
>
> エイミー、まだたった3か月しか経ってないよ。もう少し待って、様子を見るべきだと思うよ。

**呼びかけ ＋ 説明 ＋ コアセンテンス**

　(1) はコアセンテンスに Why don't you ... ? を、(2) は I think you should ... を使っていますが、どちらも「①直接的〜やや直接的な表現」です。Situation 1 では 76% のネイティブが「①直接的〜やや直接的な表現」を使っており、その中でも Why don't you ... ?（22%）と I (really) think (that) you should ...（14%）が最もよく使われていました。I think などの緩和表現なしで You should ... を使ったネイティブは一人だけでした。

　補助ストラテジーで最も頻繁に使われたのは「説明」で、6割以上のネイティブが使っていました。「説明」は、相手に助言を受け入れてもらうために、助言の根拠・正当性を提示する機能を果たします。

## (3) アメリカ 30 代女性

> Oh Amy, I understand your frustration, but it really only has been three months at your new job. <u>Why not wait a couple months longer to see if the situation gets any better?</u>
>
> エイミー、不満はよくわかるよ。でも、新しい職場で働いてからまだたった3か月でしょ。もう何か月か待って、状況がよくなるかどうか見てからでもいいんじゃない？

**呼びかけ ＋ 共感 ＋ 説明 ＋ コアセンテンス**

　(3) では「説明」に加えて、「共感」が使われています。「共感」は相手の状況に同情したり、相手の気持ちへの理解を示したりすることによって、相手のポジティブ・フェイスに対する配慮を表す補助ストラテジーで、28% のネイティブが使っていました（ほかの例：I can hear your frustration and I feel for you.（きみの

失望はよくわかるし、気の毒だと思うよ）/ I know that you want to switch careers.（転職したい気持ちはわかるよ））。

### (4) アメリカ 20 代男性

Amy, you just started here. <u>It's probably better if you stick around a little while longer.</u> If you leave right now you'll look kinda flighty.

エイミー、きみはまだここで仕事始めたばかりだよ。たぶんもう少しここにいたほうがいいんじゃないかな。今すぐ辞めると、軽はずみな人だと思われちゃうよ。

---

**呼びかけ ＋ 説明 ＋ コアセンテンス ＋ 悪い結果**

---

(4) は、「②やや間接的な表現」が使われている例です。「②やや間接的な表現」を使ったネイティブは 20% でした。

(4) では「**悪い結果**」が使われています。これは助言に従わないと良くない結果になるかもしれないと伝える補助ストラテジーで、18% のネイティブが使っていました（ほかの例：I think if you change jobs too quickly it might not look so great on your resume.（あまりにもすぐに仕事を変えると、きみの履歴書にとってよくないんじゃないかな）/ It might look strange to other employers if you leave so soon.（そんなにすぐに辞めたら、ほかの会社に変だと思われるかもしれないよ））。反対に、助言に従えば好ましい結果になると伝える「**良い結果**」も 18% のネイティブが使っていました（例：I'm sure it will get better once you are there for longer.（もう少し長くいたら、事態はよくなるはずだよ）/ After all, things might get better where you are.（結局のところ、今いる会社で事態はよくなっていくかもしれないし））。これらは「**説明**」と同様に、相手を説得し、助言を受け入れてもらうために使われる補助ストラテジーです。

### ネイティブ・データからの結論

助言を求められているわけではなく、転職についての専門的な知識があるわけでもありませんが、相手は親しい友人ですし、大事な問題について彼女のことを考えて誠実に助言しているので、積極的な言い方をしてもそれほど押しつけがま

しくは聞こえないと思われます。I think you should ... や Why don't you [not] ... ? などの積極的な表現を使って助言をしてみましょう。助言をするときには、その理由の「**説明**」（例：It really only has been three months at your new job.（新しい仕事に就いてからたった3か月しか経っていないよ））もするようにしてください。また、自分の助言に説得力を持たせたいときには、「**悪い結果**」（例：It doesn't look good on your CV if you only stay places a little while.（ほんの短い間しか在籍しなかったら、きみの履歴書にとってよくないよ））や「**良い結果**」（例：Things might get better, now that you're figuring out how things operate.（物事の仕組みがわかったら、事態はよくなるかもしれないよ））も合わせて使うとよいでしょう。相手を心配していることも伝えたい場合には、I know how you feel.（きみの気持ちはよくわかる）/ I understand that you are not happy with your current situation.（今の仕事に満足していないのはよくわかる）と「**共感**」を示してから、助言をするようにしてください。

# Situation 2

## Let's try

　次のような会話の場面で、あなたなら何と言いますか？ 自分が実際にその状況にいることを想像して、考えてみてください。

> 　アメリカの会社の東京支店に勤務しているあなたは、ニューヨーク本社から出張で来日したKaren Baker部長と話しているところです。今回が初来日のBaker部長から、週末の観光にベストな場所はどこか尋ねられました。あなたは京都に行くことを助言します。
>
> You:
> _____
> _____
> _____
> _____
> _____

　では、ネイティブはどうやって助言をするのか、見てみましょう。あなた自身のやり方と比べてみてください。

> ネイティブはこう話す

　Situation 2 は、初対面の目上の相手に助言をする状況です。相手とは仕事上の関係ですが、助言の内容は仕事とは関係のないものですし、相手から助言を求められているケースなので、積極的な言い方をしても失礼にはならないと思われます。

| | |
|---|---|
| **(a)** 相手との関係　» | 初対面（社内）、目上 |
| **(b)** 相手から助言を求められているか　» | 求められている |
| **(c)** 自分が考える相手にとっての利益　» | 大きい |
| **(d)** 内容についての知識量　» | （相手よりは）多い |

　それでは、ネイティブの助言の仕方を見てみましょう。Situation 2 のコアセンテンスで使われた主な表現は、以下の通りです。一般に、間接度が高くなるほど、より控えめで丁寧な言い方になります。

---

**助言のコアセンテンスで使われる表現**

①直接的〜やや直接的な表現

　　命令形
　　You should [have to / must] ...
　　Why don't you ... ?
　　I (would) suggest [recommend] ...
　　I think you should ...
　　If I was [were] you, I'd ...

②やや間接的な表現

　　(I think that) Kyoto is [will be] a good [great] place to ...
　　I think [guess] Kyoto is ideal for ...
　　I think you would (really) like [enjoy] ...

③非常に間接的な表現

　　該当なし

次は、補助ストラテジーです。Situation 2 で使われた主な補助ストラテジーには、以下のようなものがありました。

---

**助言の補助ストラテジー**

条件： If you want to see Japanese traditional culture ...
説明： It's an ancient capital city that's full of heritage.
良い結果： You'll get a really good feel for the country.
申し出： If you want I could be your tour guide!

---

では、ネイティブの実際の回答をいくつか具体的に見ていきましょう。

### (1) イギリス 30 代女性

> <u>You should go to Kyoto!</u> I love it there, it's so beautiful and you can learn so much there. The atmosphere's incredible, so different from the modern hustle and bustle of Tokyo.
>
> 京都に行くのがいいですよ！ 私の大好きな街です。とても美しいところで、本当にたくさんのことを学べますよ。東京の喧騒とはまったく違って、雰囲気が信じられないくらいすばらしいんです。
>
> **コアセンテンス ＋ 説明**

(1) は、コアセンテンスで You should ... を使って積極的に助言をしている例です。12% のネイティブ（全員イギリス人）が I think などの緩和表現なしで You should ... をそのまま使っていました。Situation 2 のように、相手から助言が求められていて、自分のほうがはるかに知識があり、助言の内容が相手にとって利益になることが確実だと信じられるような場合には、コアセンテンスに You should ... を使っても（少なくともイギリス英語では）失礼にならないようです。

### (2) アメリカ 30 代男性

> Well, if you're only here for a short time, <u>I would definitely recommend a visit to Kyoto over the weekend.</u> It's quite a bit different from Tokyo, and

has a lot of history—famous and ancient temples, shrines, that kind of thing.

そうですね、もしわずかな時間しか日本にいられないなら、週末に京都を訪れることを強くお勧めします。東京とは違って、古くて有名なお寺や神社などの歴史に溢れていますよ。

**条件 ＋ コアセンテンス ＋ 説明**

　Situation 2 では、8 割のネイティブがコアセンテンスに「①直接的〜やや直接的な表現」を選んでいました。その中でも最もよく使われた表現は、I would recommend ... で、全体の 40% を占めました。ほとんどのケースは、(2) のように definitely / really / highly / totally / strongly / thoroughly などの強調表現を伴っていましたが、こうすることによって、仮定法で押しつけを弱めながらも積極的に助言ができるわけです。

　また、(2) では、「**条件**」が使われています。これは if you're interested in Japanese culture（もし日本の文化に興味があるなら）/ if this is your first time in Japan（今回が初来日なら）など、自分が助言する前提となる条件を特定する補助ストラテジーで、約 4 割のネイティブが使っていました。条件を提示することで「その条件に合わないなら助言を聞き入れてくれなくてもかまわない」というメッセージとなり、やわらかい物腰で助言することができます。

**(3) アメリカ 20 代男性**

Karen, I think you would really enjoy spending some time in Kyoto. There's a lot of Japan's cultural history and I'm sure you would enjoy the experience.

カレンさん、京都で過ごしたらとても楽しめると思いますよ。たくさんの日本文化の歴史に触れることができますから、きっと楽しい経験になるはずです。

**呼びかけ ＋ コアセンテンス ＋ 説明 ＋ 良い結果**

　(3) は、I think you would really enjoy ... という「②やや間接的な表現」が使わ

れている例です。「②やや間接的な表現」は、ネイティブの 16% が使っていました。Situation 2 は観光に最適な場所の助言なので、Kyoto is a great place to see.（京都は観光するのにすばらしい場所です）/ I think that Kyoto will be a great place for a weekend visit.（京都は週末の旅行にぴったりの場所だと思います）/ I guess Kyoto is ideal for sightseeing.（京都は観光に最適だと思います）など、「旅行する」「訪問する」という相手の行為にではなく、「京都」という場所に焦点を当てた言い方も目立ちました。このように聞き手（二人称）ではなく、物（三人称）に焦点を当てると、押しつけを弱めた言い方になります。

　また (3) では、I'm sure you would enjoy the experience. と**「良い結果」**も使われています（ほかの例：I think you would really enjoy it.（きっと楽しめると思います））。Situation 1 でも紹介したように、これは助言通りにすれば好ましい結果になると伝えることで、相手を説得し、助言を受け入れてもらいやすくするやり方です。

### (4) アメリカ 20 代女性

Well, I personally love Kyoto. There are so many interesting things to see and do. If you want, I can give you a few names of good hotels to stay at.

そうですね、個人的には京都が好きです。見るものやすることがたくさんありますよ。ご希望でしたら、いいホテルの名前をいくつかお教えします。

---

**説明 ＋ 申し出**

　少数ですが、(4) のようにコアセンテンスを使わずに**「説明」**によって助言をほのめかしたネイティブもいました（全員アメリカ人）。I personally love Kyoto. と話し手自身の個人的な好みを伝えているだけなので、非常に控えめな言い方になります。(4) では、助言に関わる手伝いの**「申し出」**もしていますが、このような**「申し出」**をしたネイティブは 16% でした（ほかの例：Would you like me to write down some of the more interesting sights?（特に楽しめそうな観光地をいくつか書きとめておきましょうか））。

> ネイティブ・データからの結論

　相手は仕事の関係者で初対面の目上の人ですが、仕事とは関係がないことについて相手から助言を求められている状況ですので、積極的な言い方をしても失礼にはならないと考えられます。I would definitely recommend visiting Kyoto.（間違いなく京都を訪れることをお勧めします）/ You should go to Kyoto!（京都に行くのがいいですよ！）などと積極的な言い方で助言をするとよいでしょう。京都旅行を勧める理由の「**説明**」（例：It is full of old temples and shrines, and on top of that has a great local cuisine.（古いお寺や神社がたくさんあって、そのうえ郷土料理もおいしいんです））は必ず言うようにして、最後に I think you would really enjoy it. のように「**良い結果**」に言及して締めくくると、親切な印象を与えることができそうです。

### アメリカ英語 vs. イギリス英語

　Situation 1 では、コアセンテンスには英米の違いは見られませんでしたが、アメリカ人のほうが補助ストラテジーを多く使う傾向がありました（「共感」：米 36%、英 20%／「良い結果」：米 24%、英 12%／「悪い結果」：米 24%、英 12%）。このデータを見る限り、相手に受け入れてもらいにくい助言をする場合には、アメリカ人のほうがいろいろな補助ストラテジーを駆使して受け入れてもらおうとする傾向があるのかもしれません。

　また、Situation 2 では、イギリス人のほうがコアセンテンスで「①直接的～やや直接的な表現」を使う割合が高い傾向が見られました（米 68%、英 92%）。緩和表現なしの You should ... を使ったのがイギリス人だけだったのも興味深い違いです。相手に助言を受け入れてもらいやすい状況では、イギリス人のほうが直接的な表現を使う傾向があるようです。

notes

# Unit 5　Proposal » 提案

## 提案のルール

〈提案〉は、話し手と聞き手（相手）の両方にとって利益になると話し手が考える行為をしようと伝える発話行為です。しかし、他人から提案された行為をすることは、聞き手の行動の自由を妨げることになるため、提案は聞き手のネガティブ・フェイスを脅かす行為になりえます。そのため、提案をするときには、聞き手のネガティブ・フェイスを守るために、聞き手との関係や状況に応じて、より丁寧な表現を選ぶことが大切です。次の点に注意しましょう。

**(a) 相手との関係**　»　親しい↔知り合い↔知らない、目上↔同等↔目下
**(b) 提案が期待されているか**　»　期待されている／されていない
**(c) 自分が考える相手にとっての利益**　»　大きい↔小さい

上記のポイント以外にも、文脈や過去の経験などから、相手が提案に応じる可能性が高いと考えられるときには直接的な表現、応じるかどうかわからないときには間接的な表現が使われる傾向があります。

例えば…
▷ 相手がよく知らない人や目上の人の場合
　→親しい友人に提案するときと比べて、より丁寧で控えめな表現が好まれる。
▷ 提案内容や文脈などから、相手が応じる可能性が高いとは予想できない場合
　→押しつけがましくならないように、婉曲的な言い方をする。
▷ お互いにとって明らかに利益になることなど、断られる可能性が低そうなことを提案する場合
　→あまり遠慮がちな誘い方をする必要はなく、積極的表現も使われる。

では、実際の会話の場面を想像して、英語で提案をしてみましょう。

### Unit 5　Proposal 提案

## Situation 1

### Let's try

次のような会話の場面で、あなたなら何と言いますか？ 自分が実際にその状況にいることを想像して、考えてみてください。

> あなたはカンファレンス会場に行くために、タクシー乗り場でタクシーを待っているところです。乗り場には、ほかにもう一人、あなたが行くカンファレンスのパンフレットを読んでいる人が待っています。あなたはタクシー代を節約するために、二人で同じタクシーに乗ることを提案します。
>
> You:

では、ネイティブはどうやって提案をするのか、見てみましょう。あなた自身のやり方と比べてみてください。

> ネイティブはこう話す

　Situation 1 は、知らない相手に対して提案する状況です。相手が応じるかどうか確信は持てませんが、同じカンファレンスに参加するという共通点もあり、知り合いになっても損にはならない関係なので、応じてくれるかもしれません。しかし、まったくの初対面なので、人によっては警戒されてしまうこともありそうです。

**(a)** 相手との関係　»　知らない（しかし共通点はある）
**(b)** 提案が期待されているか　»　期待されていない
**(c)** 自分が考える相手にとっての利益　»　多少ある

　それでは、ネイティブの提案の仕方を見てみましょう。Situation 1 のコアセンテンスで使われた主な表現は、以下の通りです。一般に、間接度が高くなるほど、より控えめで丁寧な言い方になります。

---

**提案のコアセンテンスで使われる表現**

①直接的〜やや直接的な表現

　　Let's ...

　　How about ...ing?

　　Why don't we ... ?

　　Shall we ... ?

②やや間接的な表現

　　Do you want [Would you like] to ... ?

　　What do you think about ...ing?

　　Would you mind ...ing?

　　Maybe [Perhaps] we can [could] ... ?

　　Would you be interested in ...ing?

### ③非常に間接的な表現

I don't mind ...ing, if you want to ...
We can [could] ..., if you would like (to ...).
I wondered what you thought about ...ing.
I wondered if you wouldn't mind ...ing.

次は、補助ストラテジーです。Situation 1 で使われた主な補助ストラテジーには、以下のようなものがありました。

### 提案の補助ストラテジー

前置き：　　Are you by any chance going to the conference?
説明：　　　It looks like we're heading in the same direction.
良い結果：　It will save us a bit of money.

では、ネイティブの実際の回答をいくつか具体的に見ていきましょう。

### (1) アメリカ 50 代女性

Excuse me! I noticed you reading the flyer. It looks like we are going to the same conference. <u>Would you like to share the taxi?</u> It'll save each of us a couple of dollars by riding together.

すみません。パンフレットをご覧になってますよね。どうやら私たち、同じカンファレンスに行くみたいなんですけど。タクシーに相乗りするのはいかがですか？ お互いに何ドルかお金を節約できますよ。

---

**呼びかけ ＋ 前置き ＋ 説明 ＋ コアセンテンス ＋ 良い結果**

　(1) では、「②やや間接的な表現」の Would you like to ... ? が使われています。Situation 1 は初対面の人に対する提案なので、「②やや間接的な表現」を使って控えめな言い方をするネイティブが 68% を占めました。その中でも、Would you like to ... ?（24%）が最もよく使われていた表現でした。次に多かったのは、Do you want to ... ?（12%）でした（例：Do you want to save some money and

share a cab?（相乗りしてタクシー代を節約するのはどうですか））。

　また、(1) では、コアセンテンスに「**前置き**」、「**説明**」、「**良い結果**」を組み合わせて提案をしています。Situation 1 は知らない人に話しかける状況なので、80% のネイティブが I couldn't help but notice your flyer.（偶然あなたのパンフレットに気がついたのですが）/ Are you attending the conference?（カンファレンスに行くんですか）などと「**前置き**」をしてから提案をしていました。また、I'm going there as well. / I'm going to that conference too!（自分もそこに行くんです）という状況の「**説明**」は 66%、It will save us a bit of money. / It would save money for both of us.（お金を節約できますよ）という「**良い結果**」は 12% のネイティブが使っていました。

> **(2) イギリス 30 代女性**
>
> Excuse me. Are you attending the conference? I am too, so <u>perhaps we could share the next taxi together?</u>
>
> すみません。そのカンファレンスに出席されるんですか？ 私もなんです。それで、次のタクシーに相乗りすることもできるかと思ったのですが。
>
> **呼びかけ ＋ 前置き ＋ 説明 ＋ コアセンテンス**

　(2) は、Perhaps we could ... ? という「**②やや間接的な表現**」を使って提案をしている例です。Perhaps [Maybe] we could ... ? は可能性を述べているだけなので、相手への押しつけはかなり弱いと言えます。perhaps や maybe には間接度を高める効果があり、控えめな言い方にすることができます。

> **(3) アメリカ 40 代男性**
>
> Are you here for the conference as well? I noticed that you had the flyer for it. <u>We could certainly share a taxi if you would like.</u>
>
> あなたもカンファレンスのためにここにいるんですか？ パンフレットを持っていらっしゃることに気がついたものですから。もしよろしければ、タクシーに相乗りすることもできますが。
>
> **前置き ＋ コアセンテンス**

(3) は、if 節で「もし〜だったら」と条件を追加し、さらに間接的に提案をしている例です。「③非常に間接的な表現」はネイティブの 22% が使っていました。

### (4) アメリカ 20 代男性

Are you going to the conference? Really? Me too! <u>How about sharing a ride to the site?</u>

そのカンファレンスに行かれるんですか？ そうですか。僕もなんですよ。会場まで相乗りするのはいかがですか？

**前置き ＋ 説明 ＋ コアセンテンス**

(4) のように、「①直接的〜やや直接的な表現」を使ったネイティブは 10% しかいませんでした（全員アメリカ人）。How about ...ing? のほかには、Why don't we ... ?（例：Why don't we save ourselves some money and share a cab?（相乗りしてお金を節約しませんか））、Let's ...（例：Let's split the cab.（タクシー代を折半しましょう））といった回答も見られました。

## ネイティブ・データからの結論

相手は知らない人とはいえ、同じカンファレンスに向かうところですし、タクシーに相乗りするだけなので、それほど嫌がられないかもしれませんが、個人差はありそうです。まずは Excuse me. と呼びかけて、Are you going to the same conference?（同じカンファレンスに出席されるんですか）などと「**前置き**」をしたり、I'm going to the same conference.（私も同じカンファレンスに出席するんです）などと自分の状況を「**説明**」したりしてから、提案するとよさそうです。初対面の相手なので、コアセンテンスではあまり積極的な表現は使わずに、やや間接的に Would you like to share a taxi?（タクシーに相乗りするのはいかがですか）、もう少しくだけた感じにしたいなら Do you want to share a taxi?（タクシーに相乗りするのはどうですか）などと言うとよいでしょう。もっと控えめに提案をしたければ、より間接的な表現の Perhaps [Maybe] we could share a taxi, if you like [if you don't mind]?（もしよろしければ、タクシーに相乗りすることもできますが）などと言うとスマートですね。

notes

## Situation 2

### Let's try

次のような会話の場面で、あなたなら何と言いますか？ 自分が実際にその状況にいることを想像して、考えてみてください。

あなたと上司（Michael Roberts）は、来週海外から来る顧客を夕食に招待する予定で、どこのお店にするか思案中です。あなたはオフィスの近くに素敵な日本料理のレストランがあることを知っています。そのお店を上司に提案します。

You: _____
_____
_____
_____
_____

では、ネイティブはどうやって提案をするのか、見てみましょう。あなた自身のやり方と比べてみてください。

> ネイティブはこう話す

　Situation 2 は、クライアントを接待する店を決めるという職場での話し合いにおける提案で、相手は上司ですから目上になります。相手が提案に賛成してくれるかどうかはわかりませんが、提案をすること自体は歓迎（期待）されている状況です。

**(a) 相手との関係**　»　知り合い（社内）、目上
**(b) 提案が期待されているか**　»　期待されている
**(c) 自分が考える相手にとっての利益**　»　大きい

　それでは、ネイティブの提案の仕方を見てみましょう。Situation 2 のコアセンテンスで使われた主な表現は、以下の通りです。一般に、間接度が高くなるほど、より控えめで丁寧な言い方になります。

---

**提案のコアセンテンスで使われる表現**

①直接的〜やや直接的な表現

　　Let's ...

　　We should ...

　　How [What] about ... ?

　　Why don't we ... ?

　　I recommend ...ing.

　　I think [Perhaps / Maybe] we should ...

　　I would suggest ...

②やや間接的な表現

　　Would you like to ... ?

　　What do you think about [of] ... ?

　　I was thinking of ...

③非常に間接的な表現

　　Maybe that would be a great [good] place to ...
　　Wouldn't it be great if we ... ?

　次は、補助ストラテジーです。Situation 2 で使われた主な補助ストラテジーには、以下のようなものがありました。

---

**提案の補助ストラテジー**

| | |
|---|---|
| 前置き： | I've been thinking about a location for the dinner next week. |
| 情報提供： | There is a really good Japanese restaurant just around the corner from our office. |
| 説明： | It's always full of customers, and the ambience is perfect. |
| 良い結果： | I think they'd be impressed. |
| 申し出： | If you want, I could get a menu, so you can look it over. |
| 意向の確認： | What do you think? |

---

では、ネイティブの実際の回答をいくつか具体的に見ていきましょう。

## (1) イギリス 40 代女性

<u>How about that Japanese restaurant by our office?</u> I've been there two or three times with friends and the food and service has always been excellent.

会社の近くの日本料理店はどうですか？ 友人と 2、3 回行ったことがありますけど、料理もサービスも常にすばらしいですよ。

**コアセンテンス ＋ 説明**

　(1) は、コアセンテンスに「①直接的な表現」の How about ... ? を使っている例です。その後で、そのレストランを推す理由の「**説明**」をしています。なお、Situation 2 では、34% のネイティブが「①直接的〜やや直接的な表現」を使って提案していました。中でも、よく使われた表現は How about ... ?（10%、すべてイギリス人）と What about ... ?（8%）でした。Situation 1 とは異なり、相手

が知っている人であること、提案が期待されている場面であることから、積極的な表現を選んだネイティブも多かったようです。

> **(2) アメリカ20代男性**
>
> I know a good Japanese restaurant. I don't know if the clients like Japanese food, but it's quite nice and near the office. What do you think?
>
> いい日本料理店を知ってますよ。お客様が日本料理をお好きかどうかわかりませんが、とてもいい店で、オフィスの近くです。どう思われますか？
>
> **情報提供 ＋ 説明 ＋ 意向の確認**

(2) では、(1) とは打って変わって、コアセンテンスを使わずに「**情報提供**」の補助ストラテジー（I know a good Japanese restaurant.）によって、そのレストランにお客様を連れて行ってはどうかと提案をほのめかす方法が選ばれています。はっきりと提案するのではなく、単に情報提供をすることで提案の意図を暗に伝えているわけです。Situation 2 では、このように提案をほのめかしたネイティブが半数を占めていました（ほかの例：I know a very nice Japanese restaurant close to the office.（会社から近くてとてもいい日本料理店を知っていますよ））。

(2) では、最後に What do you think? と「**意向の確認**」を加えていますが、提案をほのめかす回答の中にはこのように「**情報提供 ＋ 意向の確認**」というパターンも多く見られました（全体の 18%）。ほのめかしの場合には、提案だと気づかれずにスルーされてしまう危険性があります。それを避けるために、合わせて相手の意向を聞くことで、ほのめかした提案に注意を向けてもらおうとしているわけです。

> **(3) イギリス40代女性**
>
> I know a really fancy Japanese restaurant that I'm sure would be an ideal place to take our client next week. We could have a look at the menu in advance on the Internet to see what you think, if you like.
>
> 来週お客様をお連れするのにぴったりの、とても高級な日本料理店を知っています。よろしければ、ご参考までに、前もってインターネットでメニューを見ることもできますが。

> 情報提供 ＋ 申し出

　この例でも、(2) と同様に「**情報提供**」によって提案をほのめかしていますが、an ideal place to take our client というように、提案と受け取ってもらえるような言い方がされています。また、We could have a look at the menu in advance on the Internet to see what you think, if you like. と、提案に関連する「**申し出**」を付け加えることによって、自分の提案を積極的に考慮してもらえるように工夫している点にも注意しましょう（ほかの例：I will give you full details on it so that you can see what you think about it.（ご参考に、お店の詳細情報をお渡しします））。

### (4) アメリカ 20 代男性

<u>What do you think of the Japanese restaurant near our office?</u> I think it'll make a good impression on the client.

会社の近くの日本料理店はどう思われますか？　お客様にいい印象を与えられると思うのですが。

> コアセンテンス ＋ 良い結果

　提案を受け入れてもらいやすくする補助ストラテジーとして、(4) のように「**良い結果**」に言及するネイティブも 20% いました（ほかの例：I think the client will love this place.（お客様も気に入ると思います））。

### ネイティブ・データからの結論

　目上の相手である上司に配慮して、コアセンテンスを使わずに提案をほのめかしたほうがよいと考えるか、業務上の打ち合わせでの提案なのではっきりとした言葉で積極的に提案したほうがよいと考えるかで、表現の選択が異なります。ほのめかす場合には、I know a good Japanese restaurant.（いい日本料理店を知っています）/ There is a fancy Japanese restaurant.（素敵な日本料理店があります）などの「**情報提供**」をし、相手に「**意向の確認**」をしたければその後に What do you think?（どう思われますか）/ How does that sound?（いかがでしょうか）な

どと聞けばよいでしょう。はっきり提案したいときには、How about ...? か What about ...? を使うとよさそうです。どちらの場合にも、提案の理由の「**説明**」（例：It is an upscale Japanese restaurant and is close to the office.（そこは高級日本料理店で、オフィスからも近いです））をしたり、「**良い結果**」（例：I think the client would really enjoy it.（お客様もとても喜ばれると思います））を言ったり、相手が提案の内容を検討するのに必要な作業の「**申し出**」（例：I could even take care of the booking and everything, if you like.（よろしければ、予約などの作業は私がお引き受けできますが））をしたりすることによって、提案を受け入れてもらいやすくする工夫も忘れないようにすれば完璧ですね。

## アメリカ英語 vs. イギリス英語

　知らない相手に提案する Situation 1 では、アメリカ人の 20% が Let's ... / How about ...ing? / Why don't we ...? などの「①直接的〜やや直接的な表現」を使っていたのに対し、イギリス人にはこうした表現を使った人は一人もいませんでした。一方で、よく知っている相手（上司）に提案する Situation 2 では、イギリス人のほうが「①直接的〜やや直接的な表現」を使った割合がやや多い（米 28%、英 40%）という結果でした。このデータからは、イギリス人は知らない相手に対しては積極的な表現で提案をすることはあまりなく、アメリカ人は知らない相手であっても積極的な言い方で提案をする人も多いと言えそうです。知らない相手の場合、イギリス人は相手のネガティブ・フェイスを尊重する傾向があるのに対して、アメリカ人の中にはむしろポジティブ・ポライトネスに則って積極的な表現を使う人がいるのかもしれません。

notes

# Unit 6　Offer ≫ 申し出

> 申し出のルール

〈申し出〉は、聞き手（相手）の利益になる行為や物を提供すると伝える発話行為です。しかし、無理のある申し出は聞き手の選択の自由を妨げることになるため、聞き手のネガティブ・フェイスを脅かす行為になってしまいかねません。そのため、何かを申し出るときには、聞き手のネガティブ・フェイスを守るために、聞き手との関係に応じてより丁寧な表現を選ぶ必要があります。次の点に注意しましょう。

**(a) 相手との関係**　≫　親しい⇔知り合い⇔知らない、目上⇔同等⇔目下
**(b) 申し出する行為の必要性**　≫　高い⇔低い
**(c) 自分にとっての負担**　≫　大きい⇔小さい

例えば…
▷ **相手がよく知らない人や目上の人の場合**
　→親しい友人に申し出るときと比べて、より丁寧で控えめな表現が好まれる。
▷ **あなたが申し出る行為を相手が必要としていることが明らかな場合**
　→それほど遠慮がちな言い方をする必要はなく、積極的な表現も使われる。
▷ **あなたにとって負担が大きい行為を申し出る場合**
　→相手が申し訳ないと思う気持ちを和らげるような表現も加える。

では、実際の会話の場面を想像して、英語で申し出をしてみましょう。

# Unit 6　Offer 申し出

## Situation 1

### Let's try

次のような会話の場面で、あなたなら何と言いますか？ 自分が実際にその状況にいることを想像して、考えてみてください。

> 昼休みになりましたが、あなたの上司（Michael Roberts）はまだ忙しく働いています。あなたは昼食を取りに外出するところなので、ついでに彼の昼食を買ってくることを申し出ます。

You:
___

では、ネイティブはどうやって申し出をするのか、見てみましょう。あなた自身のやり方と比べてみてください。

> ネイティブはこう話す

　Situation 1 は会社の上司に申し出をする状況です。相手が昼食を必要としているかどうか明らかではありませんが、昼食は食べたいけれども急ぎの仕事があって食べに行く（買ってくる）時間がないという可能性も大いに考えられます。申し出の内容は、自分が昼食を食べに外出するついでに何か買ってくるだけなので、自分にとっての負担は小さいと言えるでしょう。

**(a) 相手との関係** » 　知り合い（社内）、目上
**(b) 申し出する行為の必要性** » 　はっきりしないが、必要性はありそう
**(c) 自分にとっての負担** » 　小さい

　それでは、ネイティブの申し出の仕方を見てみましょう。Situation 1 のコアセンテンスで使われた主な表現は、以下の通りです。一般に、間接度が高くなるほど、より控えめで丁寧な言い方になります。

---

**申し出のコアセンテンスで使われる表現**

　①直接的な表現
　　該当なし

　②やや間接的な表現
　　Can I ... ?
　　Should I ... ?
　　Do you want [Would you like] me to ... ?
　　Do you want [Would you like] anything?

　③非常に間接的な表現
　　If you like, I could [can] ...
　　I was wondering if I could ...

---

　次は、補助ストラテジーです。Situation 1 で使われた主な補助ストラテジーに

は、以下のようなものがありました。

> **申し出の補助ストラテジー**
>
> 説明： I am going to lunch right now and noticed you haven't eaten.
> 確認： Are you planning on having any lunch?
> 負担の否定： It would be no trouble.

では、ネイティブの実際の回答をいくつか具体的に見ていきましょう。

### (1) アメリカ 40 代女性

Hey Mr. Roberts, I'm on my way to lunch. <u>Would you like me to bring you back something?</u>

ロバーツさん、私ランチに行くところですけど、何か買ってきましょうか？

---

**呼びかけ ＋ 説明 ＋ コアセンテンス**

### (2) イギリス 40 代男性

Michael, you look very busy. <u>Do you want me to grab you a bite to eat whilst I'm going out, or help you with something?</u>

マイケルさん、お忙しそうですが、出かけるついでに何か食べるものを買ってきましょうか、それとも何かお手伝いしましょうか？

---

**呼びかけ ＋ 説明 ＋ コアセンテンス**

(1) は Would you like me to ... ?、(2) は Do you want me to ... ? という「②やや間接的な表現」を使っている例です。Situation 1 では、9 割以上のネイティブが「②やや間接的な表現」を使っていました。

「②やや間接的な表現」の中で最も多かったのは、Would you like me to ... ?（52%）で、ややくだけたバージョンの Do you want me to ... ?（26%）と合わせると、全体の約 8 割を占めていました。相手が目上であることと、相手が代わ

りに昼食を買ってきてほしいと思っているかどうかが明らかでないことから、相手の意向を問う形の Would you like me to ... ? / Do you want me to ... ? が適切だと考えられたのでしょう。

　(1)、(2) はともに、申し出の理由の「**説明**」をしてから、コアセンテンスで申し出るというパターンです。Situation 1 では、「**説明**」(84%) 以外の補助ストラテジーはほとんど使われておらず、(1)、(2) のように、「**説明 ＋ コアセンテンス**」というパターンが全体の 8 割以上を占めました。また、「**説明**」の内容で最も多かったのは、(1) のような「自分は昼食を食べに行く」(ほかの例：I'm heading out for lunch now.（昼食を取りに出かけます）/ I'm going to grab a quick bite.（軽く何か食べてきます））で、次は (2) のような「あなたは忙しそうだ」(ほかの例：It looks like you are still busy.（まだお忙しそうですね）/ I noticed you are awfully busy.（とてもお忙しいようですね））でした。

> ### (3) アメリカ 50 代女性
>
> Michael, I see that you are tied up. I am on my way out. <u>Can I pick you something for lunch?</u>
>
> マイケルさん、お忙しそうですね。私、外に出ますけど、昼食に何か買ってきましょうか？
>
> ―――――――――――――――――――――――――
> **呼びかけ ＋ 説明 ＋ コアセンテンス**

　(3) は、Can I ... ? が使われている例です。Would you like me to ... ? / Do you want me to ... ? 以外で、複数のネイティブに使われていた「②やや間接的な表現」は、Can I ... ? (8%) だけでした。

> ### (4) アメリカ 20 代男性
>
> Mr. Roberts, are you planning on having any lunch? Some of us are going to grab a quick bite to eat, <u>if you like, I can pick something up for you while we're there.</u>
>
> ロバーツさん、お昼は取るご予定ですか？　我々は軽く食事をしようと思うので、もしよろしかったら、お店で何か買ってくることができますけど。

| 呼びかけ ＋ 確認 ＋ 説明 ＋ コアセンテンス |

　(4) は、控えめで丁寧な申し出の例です。まず相手が昼食を取るかどうか「**確認**」したうえで、「③非常に間接的な表現」である If you like, I can ... を使って申し出をしています。なお、Situation 1 では、「③非常に間接的な表現」を使ったネイティブは 8% だけで、「①直接的な表現」を使ったネイティブは一人もいませんでした。

### ネイティブ・データからの結論

　相手は仕事中ですし、自分もオフィスを出るところなので、簡潔に話しかけるべき場面です。まずは呼びかけをした後、I'm going out to lunch now. / I'm going for lunch.（昼食を食べてきます）などと理由の「**説明**」をしたうえで、コアセンテンスで申し出をするだけで十分です。相手は上司であり、あなたの申し出が必要かどうかもよくわからないので、コアセンテンスでは「①直接的な表現」は使わず、Would you like me to bring you something back for your lunch?（お昼ご飯を何か買ってきましょうか）、もう少しくだけた感じにしたいなら Do you want me to get you anything?（何か買ってきましょうか）などの「②やや間接的な表現」を使って、相手の意向を問うような形で申し出をするとよいでしょう。

notes

## Situation 2

### Let's try

次のような会話の場面で、あなたなら何と言いますか？ 自分が実際にその状況にいることを想像して、考えてみてください。

> あなたの同僚（Lisa Orwell）は、保育所に預けている息子を迎えに行くために定時に帰宅する必要がありますが、急ぎの仕事が入ってしまったため、今晩は残業しなければならなくなりました。あなたは彼女に代わってその仕事をすることを申し出ます。

You:

では、ネイティブはどうやって申し出をするのか、見てみましょう。あなた自身のやり方と比べてみてください。

> ネイティブはこう話す

　Situation 2 は、同じ部署の同僚に申し出をする状況です。相手が困っているのは明らかなので、あなたが申し出る行為（代わりに残業してあげる）の必要性は高いでしょう。しかし、本来自分の担当ではない仕事を残業までして代わりにするわけですから、あなたにとっての負担は大きいと言えます。

**(a) 相手との関係** 》　知り合い（社内）、同等
**(b) 申し出する行為の必要性** 》　高い
**(c) 自分にとっての負担** 》　大きい

　それでは、ネイティブの申し出の仕方を見てみましょう。Situation 2 のコアセンテンスで使われた主な表現は、以下の通りです。一般に、間接度が高くなるほど、より控えめで丁寧な言い方になります。

**申し出のコアセンテンスで使われる表現**

　①直接的な表現

　　　I will ...

　　　I can ...

　　　Let me ...

　　　Why don't I ... ?

　　　Why don't you let me ... ?

　②やや間接的な表現

　　　I don't mind ...ing.

　　　Could I ... ?

　　　Do you want [Would you like] me to ... ?

　③非常に間接的な表現

　　　I am [will be / would be] (more than) happy to ...

　　　If you (would) like [want], I will [can / could] ...

Unit 6　Offer 申し出

> Is there anything I can ... ?

次は、補助ストラテジーです。Situation 2 で使われた主な補助ストラテジーには、以下のようなものがありました。

---

**申し出の補助ストラテジー**

説明： I know that you need to leave early today to pick up your son.
負担の否定： I'm not that busy tonight anyway.
心配の軽減： Don't worry about things here.
お返しの要求： You can get the coffees tomorrow.
促し： Get going when you need to.

---

では、ネイティブの実際の回答をいくつか具体的に見ていきましょう。

**(1) イギリス 50 代女性**

You go Lisa, don't worry. <u>I'll stay and finish the job.</u> You owe me a favour though!

心配しないで帰って、リサ。私が残ってその仕事を終わらせておくから。貸しにしとくけどね。

---

促し ＋ 心配の軽減 ＋ コアセンテンス ＋ お返しの要求

(1) は、「①直接的な表現」の I will ... が使われている例です。Situation 2 では、「①直接的な表現」が 54%、「③非常に間接的な表現」が 30% 使われており、Situation 1 で 9 割以上使われていた「②やや間接的な表現」は、16% しか使われていませんでした。「①直接的な表現」で最も多く使われたのは I will ... (24%)、次が I can ... (14%) でした。申し出の必要性があるかどうかわからない Situation 1 では、相手の意向を問う聞き手志向の表現 (Would you like me to ... ? / Do you want me to ... ?) が多く使われたのに対して、申し出の必要性が高いと判断される Situation 2 では、より積極的な話し手志向の表現 (I will ... / I can ...) が選ばれています。Leave it [that] with me.（それは私に任せて）と命令

91

文を用いたネイティブもいました。

> **(2) アメリカ20代女性**
>
> Well, <u>if you would like, I can help you with your work.</u> It's really no problem. Your son is more important.
>
> ねえ、よかったらその仕事、私が手伝えるけど。ほんとに全然問題ないよ。息子さんのほうが大切なんだし。
>
> **コアセンテンス ＋ 負担の否定 ＋ 説明**

「③非常に間接的な表現」の中でよく使われたのは、(2) のように If you (would) like [want], I will [can / could] ...（18%）でした。

Situation 1 と Situation 2 では、補助ストラテジーについても大きな違いが見られました。「**説明**」（58%）が多用されていたのは Situation 1 と同じですが、Situation 2 では、それ以外に、躊躇している相手に行動を促す「**促し**」（26%）（例：Go pick up your kid.（お子さんを迎えに行きなよ））、申し出ている行為は自分にとって負担ではないと伝える「**負担の否定**」（26%）（例：I don't have any plans tonight.（今夜は何も予定はないよ））、心配しないように伝える「**心配の軽減**」（16%）（例：Don't worry about the work.（仕事のことは心配しないで））、何かしらのお返しをするように求める「**お返しの要求**」（14%）（例：You just get me next time, OK?（次回手伝ってね、いい？））など、様々な補助ストラテジーが使われていました。Situation 2 では、相手が申し出を必要としている可能性が極めて高いものの、話し手にとっては負担が大きい行為の申し出なので、相手が申し訳ないと思う気持ちを減らして申し出を受け入れやすくするために、こうした補助ストラテジーが使われているわけです。

> **(3) イギリス40代女性**
>
> Lisa, I realise you have to pick up your son, but don't worry, <u>I will be happy to do the work for you,</u> and if it makes you feel better you can help me out sometime.
>
> リサ、息子さんを迎えに行かなくちゃいけないんでしょ。でも心配しないで。その仕事、私がしてあげても問題ないわよ。もしそれではあなたの気

が済まないなら、いつか私の仕事を手伝ってくれればいいし。

**呼びかけ ＋ 説明 ＋ 心配の軽減 ＋ コアセンテンス ＋ お返しの要求**

(3) も、「③非常に間接的な表現」を使っている例です。この例でも、**「心配の軽減」**や**「お返しの要求」**を使って、相手が心理的に申し出を受け入れやすいようにしています。なお、イギリス人のほうが「③非常に間接的な表現」を使った人の割合が高めでした（米 16%、英 44%）。

### ネイティブ・データからの結論

　同じ職場の同僚に対する申し出であり、相手がその申し出を必要としていることが明白な状況なので、I'll stay and do it.（私が残ってやっておくよ）/ I can cover your work tonight.（今晩あなたの仕事、私が代わりにできるよ）などの「①直接的な表現」を使っても問題ありません。一方で、申し出る行為は話し手にとっての負担が大きいため、申し訳ないと感じる相手に対する配慮として、If you want, I could cover you tonight?（よければ、今晩仕事を代わってあげることができるよ）/ If you like, I can finish off that urgent task.（よかったら、その急ぎの仕事は私が終わらせておけるよ）などの「③非常に間接的な表現」を使うこともできます。

　どちらの表現を使うにしても、**「促し」**（例：You go ahead and pick up your son.（息子さんを迎えに行きなよ）/ Get yourself home.（家に帰りなよ））、**「負担の否定」**（例：It's no problem.（問題ないよ）/ I don't have anything going on.（私は何もすることがないから））、**「心配の軽減」**（例：Don't worry.（心配しないで））、**「お返しの要求」**（例：You'll owe me.（貸しにしとくね）/ Maybe you can help with something else tomorrow.（明日何かほかのことを手伝ってもらえるかな））などの補助ストラテジーを追加して、相手がすまなく思う気持ちを少しでも和らげ、申し出を受け入れやすくする気遣いもできたらよいですね。

### アメリカ英語 vs. イギリス英語

　Situation 1 では英米間の違いは特に見られませんでしたが、Situation 2 では、「①直接的な表現」はアメリカ人のほうが多く（米 72%、英 36%）、反対に「③非常に間接的な表現」はイギリス人のほうが多い（米 16%、英 44%）という結果になりました。このデータを見る限り、自分の負担が大きくても、相手が申し出を必要としている可能性が高いときには、アメリカ人は積極的に申し出をし、イギリス人は相手が申し訳なく思う気持ちに配慮して控えめに申し出をする傾向があると言えそうです。

notes

# Unit 7　Apology » 謝罪

> 謝罪のルール

〈謝罪〉は、話し手が原因として関与し、聞き手（相手）に迷惑をかけた行為について、その損害の埋め合わせをし、両者の社会的調和を取り戻すために行われる発話行為です。そのため、必要なときに適切に謝罪をしないと、相手との関係をより悪化させてしまう恐れがあります。謝罪をするときには、次の点に気をつけましょう。

**(a) 相手との関係**　»　親しい↔知り合い↔知らない、目上↔同等↔目下
**(b) 相手が受けた迷惑や被害**　»　大きい↔小さい
**(c) 相手が受けた迷惑や被害に対する自分の責任**　»　大きい↔小さい

相手が受けた迷惑や被害が大きい場合、特にその責任が全面的に話し手にある場合には、より長く手の込んだ表現が使われる傾向があります。ただし、目の前の問題を論理的に解決することを優先する英語圏の文化では、私たち日本人がよくやるような、相手の感情に訴える謝り方はあまり好まれません。また、日本語と比べると、英語では相手との関係による謝罪の表現の違いはそれほど大きくありません。

　例えば…
▷**相手がよく知らない人や目上の人の場合**
　→友人や家族に謝罪をするときとあまり変わらない表現を使う。ただし、職場などフォーマル度の高い場面では、感情的な言い方は避けられる傾向がある。
▷**相手が大きな迷惑や被害を受けたことについて謝罪をする場合**
　→コアセンテンスで強調表現を使ったり、コアセンテンスに様々な補助ストラテジーを加えたりして、謝罪の気持ちを強調する。

では、実際の会話の場面を想像して、英語で謝罪をしてみましょう。

## Situation 1

### Let's try

　次のような会話の場面で、あなたなら何と言いますか？ 自分が実際にその状況にいることを想像して、考えてみてください。

> 　あなたは、友人（Amy Parker）から借りた高価で貴重な本を読んでいるときに、うっかりその本にコーヒーをこぼしてしまいました。今、その本を彼女に返すところです。あなたは彼女に謝罪をします。

You:




　では、ネイティブはどうやって謝罪をするのか、見てみましょう。あなた自身のやり方と比べてみてください。

> ネイティブはこう話す

　高価で貴重な本をコーヒーで汚されてしまったわけですから、相手のショックはとても大きいはずです。いくら友人とはいえ、かなり積極的に謝罪の気持ちを伝えないと、相手の憤りや悲しみの気持ちは収まらないでしょう。誠意が通じないと、相手との関係を悪くしてしまう恐れもあります。

**(a) 相手との関係** » 親しい、同等
**(b) 相手が受けた迷惑や被害** » 大きい
**(c) 相手が受けた迷惑や被害に対する自分の責任** » 大きい

　それでは、ネイティブの謝罪の仕方を見てみましょう。Situation 1 のコアセンテンスで使われた主な表現は、以下の通りです。

---

**謝罪のコアセンテンスで使われる表現**

　　I'm (so / really / terribly) sorry (about ...).
　　I (must / have to) (sincerely) apologize [apologise].

---

　次は、補助ストラテジーです。Situation 1 で使われた主な補助ストラテジーには、以下のようなものがありました。

---

**謝罪の補助ストラテジー**

| | |
|---|---|
| 説明： | When I was reading your book, I spilled coffee on it. |
| 落胆： | I feel just awful about this! |
| 共感： | I know how important this book is to you. |
| 自己非難： | I should have taken more care. |
| 補償： | Please let me know if there is anything I can do to make this up to you. |
| 許しの請求： | Please just tell me that you will forgive me. |
| 責任の軽減： | I tried to get it off as quickly as possible. |

では、ネイティブの実際の回答をいくつか具体的に見ていきましょう。

### (1) アメリカ 40 代男性

Amy, I'm so sorry, I know how important this book is to you and I feel terrible that I've stained it. Is there any way I can make it up to you?

エイミー、本当にごめん。この本がきみにとってどれだけ大切なものかよくわかっているし、それを汚してしまってとても後悔しているよ。何とか埋め合わせできる方法はないかな？

**呼びかけ ＋ コアセンテンス ＋ 共感 ＋ 落胆 ＋ 補償**

ネイティブの 90% が、コアセンテンスを使ってはっきりと謝罪をしていました。そのほとんどが I'm sorry. を使っていて、1 人を除いた全員が so / really / terribly / very などの強調表現も加えていました。中でも so の使用頻度が最も高く、I'm sorry. の約 6 割が、(1) のように so とともに使われていました。また、謝罪を強調するために、同じ強調表現を重ねたり（例：I'm so so sorry. / I'm really, really sorry.）、異なる強調表現を重ねたり（例：I really am very very sorry. / I really am so sorry.）する人も約 2 割いました（全員イギリス人）。very を単独で使って、I'm very sorry. と言ったネイティブは一人もいませんでした。

### (2) イギリス 50 代男性

Thank you for letting me read this lovely book, but I'm afraid while I was reading it, I accidentally spilt some coffee on it. I must sincerely apologise. It was very irresponsible of me, I do apologise.

この素敵な本を読ませてくれてありがとう。でも、読んでいるときに、過って本にコーヒーをこぼしてしまったんだ。心から謝らなくちゃ。僕はとても不注意だった。本当に申し訳ない。

**前置き ＋ 説明 ＋ コアセンテンス ＋ 自己非難 ＋ コアセンテンス**

コアセンテンスに I'm sorry. 以外の表現を使ったネイティブは 2 人だけで、どちらも I (must / have to) apologize [apologise]. を使っていました。

補助ストラテジーの中で特によく使われていたのは、「**説明**」(90%) と「**補償**」(78%) でした。日本では、原因をくどくどと説明すると言い訳や弁解をしていると取られる恐れもあるため、あまり説明をせずにひたすら謝るという人も多いかもしれませんが、説明責任を重視する英語文化圏では「なぜ、どのような経緯で謝罪をするような状況になってしまったのか」を言葉ではっきりと説明したほうが、誠実な謝罪と受け取られるようです。

　Situation 1 では、ほかにも自己の負の感情を伝える「**落胆**」(30%)（例：I'm so embarrassed.（とても恥ずかしい））、相手の立場・状況や気持ちに理解を示す「**共感**」(24%)（例：I know how rare it is.（どんなに貴重なのかわかっている））、自分の至らなさを責める「**自己非難**」(10%)（例：I was so stupid and careless.（僕はとてもバカで不注意だった））など多様な補助ストラテジーが使われていました。相手が被った損害がとても大きい場合には、コアセンテンスで強調表現を使うだけでは足りないため、こうした補助ストラテジーをいくつか組み合わせることによって、相手の気持ちへの配慮を示そうとしているわけです。

> **(3) イギリス 20 代男性**
>
> Now Amy, before I tell you this, pleeeeeease promise not to be mad. Well, I had a bit of an accident, and may have spilled a bit of coffee on your book. <u>I'm really sorry.</u> It was a complete accident. If you want I can give you back some money for it, but I guess that's not much use, is it? <u>Really sorry!!</u>
>
> ねえ、エイミー、今から僕が話すことを聞く前に、お願いだから怒らないって約束してくれる？　あのさ、ちょっとアクシデントがあって、きみの本に少しコーヒーをこぼしちゃったかもしれないんだ。本当にごめん。まったくの事故だったんだ。もし必要ならお金は払うけど、役に立たないよね。本当にごめん！
>
> ---
>
> 　呼びかけ ＋ 許しの請求 ＋ 説明 ＋ コアセンテンス ＋
> 　責任の軽減 ＋ 補償 ＋ コアセンテンス

　(3) では、「**説明**」と「**補償**」のほかに、「**許しの請求**」と「**責任の軽減**」が使われています。「**許しの請求**」は「許してください」「怒らないでください」と直接お願いすることによって（ほかの例：Please forgive me!（どうか許して！））、「**責**

任の軽減」は「故意ではなかった」「自分は一生懸命に避けよう［直そう］とした」と主張して自分の責任を軽くすることで（ほかの例：I tried to clean it as best I could.（できる限り汚れを取ろうとしたんだ））、許してもらおうとする補助ストラテジーです。これらはほかの補助ストラテジーのように相手のフェイスに配慮するのではなく、相手に許してもらうことにより自分のポジティブ・フェイスを守るために使われます。「**許しの請求**」は 8%、「**責任の軽減**」は 14% のネイティブに使われていました。

### (4) アメリカ 50 代男性

I feel terrible about this, Amy, but I accidentally spilled coffee on your book. Is there any way I can make up for it? I can't believe how clumsy I am.

とてもつらい気持ちなんだけど、エイミー、きみの本に誤ってコーヒーをこぼしちゃったんだ。何とかして弁償できないかな？ 自分がこんなに不器用だなんて信じられないよ。

**落胆 ＋ 説明 ＋ 補償 ＋ 自己非難**

(4) は、コアセンテンスを使わずに、「**落胆**」の補助ストラテジーによって謝罪の気持ちを表している例です（ほかの例：I feel really bad.（最低の気分だよ））。ほかにも、「**共感**」（例：You're gonna kill me.（きみは激怒すると思う））を使っている例もありました。コアセンテンスを使わなかったネイティブは 10% で、全員アメリカ人でした。

### ネイティブ・データからの結論

自分の責任で他人に迷惑をかけてしまったときには、I'm so sorry! としっかり謝罪をしましょう。so / really / terribly などの強調表現を入れると謝罪の気持ちを強めることができます。また、英語圏では、謝罪をするときには、そうなってしまった原因の「**説明**」も求められていると思っておいたほうがよいでしょう。

相手に経済的な損失を与えてしまったときには、（金銭的な）「**補償**」も申し出たほうがよさそうです。日本語では「弁償しましょうか」と消極的に相手の意向

101

を確認するよりも、「弁償します」というように積極的に申し出をするほうが誠実に聞こえますが、ネイティブは Can I offer to pay for a replacement?（替わりの本と交換する代金を払おうか？）/ If you want me to replace it, I will.（もし交換してほしいなら、そうするよ）/ I would like to buy you a new one, if you will let me.（もしそうさせてもらえるなら、新しいのを買わせてほしい）のように、疑問文や条件節を使って控えめに申し出をする例が目立ちました。

　これに加えて、I feel so bad about this. / I just feel awful.（ひどい気分だ）と「**落胆**」の感情を伝えたり、I know this book was valuable to you.（この本がきみにとって貴重なのはわかっている）/ I know this book is irreplaceable.（この本は取り替えが利かないことはわかっている）と相手の気持ちに対する「**共感**」を示したり、I was so stupid and careless.（僕はとてもバカで不注意だった）/ I can't believe how clumsy I am.（自分がどれほど不器用か信じられない）と「**自己非難**」をしたりすれば、深く反省している気持ちが相手に伝わるはずです。

## Situation 2

### Let's try

次のような会話の場面で、あなたなら何と言いますか？ 自分が実際にその状況にいることを想像して、考えてみてください。

> あなたは、「A社の財務状況を調査するように」という上司のMichael Robertsからの指示をすっかり忘れていました。今、彼から調査結果を提出するように言われました。あなたは調査が終わっていないことを謝罪します。
>
> You:

では、ネイティブはどうやって謝罪をするのか、見てみましょう。あなた自身のやり方と比べてみてください。

> ネイティブはこう話す

仕事上のミスについて上司に謝罪する状況です。期日までに調査を終えなかったことが上司の計画を狂わせてしまったり、場合によっては所属先の成果に悪影響を与えてしまったりしかねません。相手は直属の上司ですから、誠意を尽くして謝らないと、今後のあなたの人事考課にも関わってくる可能性があります。

**(a) 相手との関係** » 知り合い（社内）、目上
**(b) 相手が受けた迷惑や被害** » 大きい
**(c) 相手が受けた迷惑や被害に対する自分の責任** » 大きい

それでは、ネイティブの謝罪の仕方を見てみましょう。Situation 2 のコアセンテンスで使われた主な表現は、以下の通りです。

---

**謝罪のコアセンテンスで使われる表現**

I'm (so / really / terribly / very) sorry (about ...).
I (do / have to) apologize [apologise].
My apologies (for ...).

---

次は、補助ストラテジーです。Situation 2 で使われた主な補助ストラテジーには、以下のようなものがありました。

---

**謝罪の補助ストラテジー**

| | |
|---|---|
| 説明： | That completely slipped my mind. |
| 責任の承認： | There really is no excuse. |
| 自己非難： | That's rubbish on my part. |
| 補償： | I can drop what I am doing and work on it right now if you would like. |
| 自制の約束： | I will make sure that this does not happen again. |
| 責任の軽減： | I was so inundated with work. |

では、ネイティブの実際の回答をいくつか具体的に見ていきましょう。

## (1) イギリス 20 代女性

Michael, I have to apologise to you, regrettably I did not note this task in my diary and it completely slipped my mind. I will stay late and make sure it is with you as soon as possible. I am really very sorry.

マイケルさん、お詫びしなくてはいけません。情けないことに、このタスクを手帳にメモしていなくて、すっかり忘れてしまっていました。残業してでも、できる限り早くご提出します。本当に申し訳ありません。

**呼びかけ ＋ コアセンテンス ＋ 説明 ＋ 補償 ＋ コアセンテンス**

　Situation 2 でも、9 割以上のネイティブがコアセンテンスを使って謝罪をしていて、I'm sorry. がそのほとんどを占めました。(1) のように、コアセンテンスを 2 回使って謝意を強調したネイティブも 20% いました。Situation 1 と比べると、強調表現を使った人の割合はやや少なく（使わなかった人が 20%）、強調表現を重ねた人（6%）の割合も減りました。一方で、really（20%）や very（6%）を使った人の割合がやや増えました。これは、職場というフォーマルな状況のためだと考えられます。

　補助ストラテジーでは、「**説明**」は全員が、「**補償**」は 96% が使っていました。仕事上の過失なので、期限までに提出できない理由を説明しなければならないのは当然のことですし、「今から全力を尽くし、できるだけ早く完了する」と伝える必要もあるということですね。日本だったら、汚名返上のために「直ちに取り掛かります」と宣言して積極性をアピールするところですが、ネイティブは I'll get on to it straight away.（直ちに取り掛かります）/ I will do it as soon as possible and get it to you as fast as I can.（できるだけ早くやって、お渡しします）のように積極的に申し出る表現だけでなく、Do you want me to get on that right away?（すぐに取り掛かりましょうか）/ Would handing in the report first thing tomorrow morning be alright?（明日の朝一で提出するのでよろしいでしょうか）などのように、上司である相手の意向を確認する表現も頻繁に使っていました。

### (2) アメリカ 30 代女性

Mike, I am so sorry, I totally forgot to look at those financial reports for Company A. I will take a look at them right away and get my notes to you as soon as possible.

マイクさん、本当にすみません。A社の財務報告書を調べるのをすっかり忘れていました。直ちに調べて、できるだけ早く提出いたします。

---

**呼びかけ ＋ コアセンテンス ＋ 説明 ＋ 補償**

Situation 2 では、(1) や (2) のように、「**コアセンテンス ＋ 説明 ＋ 補償**」というパターンが大半を占めました。職場での謝罪だったためか、次の (3) のように、いろいろなストラテジーを組み合わせたり、「**落胆**」(0%)、「**自己非難**」(4%)、「**許しの請求**」(0%) のような感情的な表現が主体の補助ストラテジーを使ったりして大げさに謝罪をするネイティブはほとんどいませんでした。

### (3) イギリス 20 代男性

I'm really sorry, but honestly, I completely forgot about it. It's completely my fault and I'm an idiot for forgetting about it! Again I'm really sorry, things have been a bit crazy, but I assure you it won't happen again.

本当に申し訳ありません。正直に申し上げて、すっかり忘れていました。全て私の過失です。忘れてしまうなんて大馬鹿者です。本当に申し訳ありませんでした。最近いろいろと大変だったものですから。でも、もう二度とこのようなミスは犯しません。

---

**コアセンテンス ＋ 説明 ＋ 責任の承認 ＋ 自己非難 ＋
コアセンテンス ＋ 責任の軽減 ＋ 自制の約束**

(3) は、多くの補助ストラテジーを組み合わせて使っている少数派の例です。It's completely my fault and I'm an idiot for forgetting about it! と「**責任の承認**」をして、感情的に「**自己非難**」すると同時に、Things have been a bit crazy. と言うことにより、自分の「**責任の軽減**」も図ろうとしています (ほかの例: I've been so busy with the Anderson account. (アンダーソン社との取引の件でとても忙しかったんです))。また、この例では、最後にもう二度と同じ過ちをしないと

約束する「**自制の約束**」を行い、深く反省していることも伝えています。

### ネイティブ・データからの結論

　仕事でミスをしてしまったときにも、まずは I'm so sorry! / I'm really sorry. とはっきり謝罪をしましょう。そして、そうなってしまった原因をきちんと「**説明**」して、そのマイナスを埋めるためにこれからできること（「**補償**」）を申し出ることも大切です。「**補償**」を申し出るときには、I'll get on to it straight away.（直ちに取り掛かります）のような積極的な宣言だけでなく、Do you want me to get on that right away?（すぐに取り掛かりましょうか）のように消極的に相手の意向を確認する言い方でも大丈夫です。ビジネスの場面では、コアセンテンス、「**説明**」、「**補償**」の3つを忘れなければ、「**落胆**」、「**自己非難**」、「**許しの請求**」などを使って大げさに謝罪をする必要はなさそうです。

## アメリカ英語 vs. イギリス英語

　友人に謝罪する Situation 1 では、イギリス人は全員がコアセンテンスを使ってはっきりと謝罪の意を伝えましたが、アメリカ人の20%はコアセンテンスを使いませんでした。また、イギリス人の36%が同じ強調表現を重ねたり（例：I'm so so sorry. / I'm really, really sorry.）、異なる強調表現を重ねたり（例：I really am very very sorry. / I really am so sorry.）することによって謝罪の表現を強調していたのに対して、強調表現を重ねて使ったアメリカ人は一人もいませんでした。

　仕事のミスを上司に謝罪する Situation 2 でも、コアセンテンスを使わなかったのはアメリカ人のほうが多く（米12%、英4%）、強調表現を重ねたのはイギリス人だけ（米0%、英12%）でした。どちらの Situation も補助ストラテジーには大きな違いはありませんでしたが、コアセンテンスの特徴からは、イギリス人のほうがはっきりと強く謝罪の言葉を述べる傾向があるように見えます。やはりアメリカと比べると、イギリスのほうがネガティブ・ポライトネス文化の傾向が強いのかもしれません。

# Unit 8  Gratitude » 感謝

## 感謝のルール

〈感謝〉は、聞き手（相手）がしてくれた話し手の利益となる行為に対し、話し手の気持ちを表す発話行為です。聞き手の意図や行動を肯定的に評価することになるので、聞き手のポジティブ・フェイスを満たす働きをします。そのため、日本よりもポジティブ・ポライトネスを重視する英語圏では、良好な対人関係を維持するために積極的に感謝を伝える必要があり、必要なときに感謝しないのは失礼だと受け取られてしまう可能性があります。感謝をするときには、次の点に気をつけましょう。

**(a) 相手との関係**　»　親しい↔知り合い↔知らない、目上↔同等↔目下
**(b) 相手が費やした時間・お金・労力の大きさ**　»　大きい↔小さい
**(c) 相手の行為から受けた利益**　»　大きい↔小さい
**(d) 話し手からの依頼の有無**　»　あり／なし

相手が費やした時間・お金・労力が膨大であることが明らかな場合や、受けた行為が非常に有益だった場合に、より長く手の込んだ表現が使われる傾向があります。また、相手が率先して行った行為か、話し手が依頼した行為かによっても、感謝の仕方は異なります。

例えば…
▷ **感謝の対象となる行為をするために、相手に時間的・経済的・労力的に大きな負担がかかった場合**
　→コアセンテンスで強調表現を使ったり、コアセンテンスに様々な補助ストラテジーを加えたりして、感謝の気持ちを強調する。
▷ **依頼をしていないのに行為をしてくれた場合**
　→相手が率先して何かをしてくれた場合には、「そんなことしなくてよかったのに」と遠慮を示す表現が使える。

では、実際の会話の場面を想像して、英語で感謝をしてみましょう。

## Situation 1

### Let's try

次のような会話の場面で、あなたなら何と言いますか？ 自分が実際にその状況にいることを想像して、考えてみてください。

> あなたはフランス語で10ページのレポートを書き、フランス人の友人 (Sophie Fourier) に文法の間違いをチェックしてくれるようにお願いしました。翌日、彼女は間違いを直したレポートを返してくれました。あなたは彼女に感謝の気持ちを表します。

You:
___
___
___
___
___

では、ネイティブはどうやって感謝するのか、見てみましょう。あなた自身のやり方と比べてみてください。

> ネイティブはこう話す

友人に感謝の気持ちを表す状況です。あなたの依頼に応えてくれたことに対する感謝であり、しかも 10 ページのレポートを読んで文法の間違いを直すにはそれなりに時間や労力がかかっているでしょうから、相手が友人とはいえ、感謝の念をかなり積極的に伝えないと相手の気持ちを損ねてしまう可能性があります。

**(a) 相手との関係** 》 親しい、同等
**(b) 相手が費やした時間・お金・労力の大きさ** 》 大きい
**(c) 相手の行為から受けた利益** 》 大きい
**(d) 話し手からの依頼の有無** 》 あり

それでは、ネイティブの感謝の仕方を見てみましょう。Situation 1 のコアセンテンスで使われた主な表現は、以下の通りです。

### 感謝のコアセンテンスで使われる表現

Thanks (so much / a million / a ton) (for ...).
Thank you (very much) (for ...).
I (really / must) appreciate it [your ...ing / your help].
It's (greatly) appreciated.
I'm (really) grateful (for ...).

次は、補助ストラテジーです。Situation 1 で使われた主な補助ストラテジーには、以下のようなものがありました。

### 感謝の補助ストラテジー

驚き： Oh my god!
ほめ： You are so kind.
利益享受： This is a tremendous help.

Unit 8　Gratitude 感謝

| | |
|---|---|
| 恩義： | I owe you one. |
| お返し： | Next time you need me to go over something, don't hesitate to ask! |

では、ネイティブの実際の回答をいくつか具体的に見ていきましょう。

### (1) イギリス 40 代女性

<u>Thank you so much.</u> <u>I really appreciate your help.</u> Please let me buy you a coffee in return.

どうもありがとう。手伝ってくれてほんとに感謝してる。お礼にコーヒーをごちそうさせてね。

**コアセンテンス ＋ コアセンテンス ＋ お返し**

　Situation 1 では、98% のネイティブがコアセンテンスを使って感謝の意を伝えていて、そのほとんどが Thank you. / Thanks. を使っていました。Thank you. / Thanks. の 8 割以上が強調表現と一緒に使われており、特に (1) のように so much と組み合わせた Thank you [Thanks] so much (for ...). が約 6 割を占めました。ほかには a lot / a million / a ton などが使われていましたが、very much を使ったネイティブは 1 人しかいませんでした。

　また、I (must) appreciate it [your ...ing / your help]. / I'm grateful (for ...). などを使って感謝の気持ちを表したネイティブも 36% いました（ほかの例：It's greatly appreciated.（とてもありがたいよ）/ You have no idea how much I appreciate your help.（きみの助けがどれだけありがたいか伝えられないよ）/ I'm really grateful for this.（このことにとても感謝している））。(1) のように、Thank you. / Thanks. と I (must) appreciate it [your ...ing / your help]. / I'm grateful (for ...). を重ねて、感謝を強調したネイティブも 3 割いました。

### (2) イギリス 20 代男性

<u>Thanks a lot for your help,</u> Sophie. This has really helped me out a lot. I owe you one! Do you fancy going out for a meal sometime?

手伝ってくれてどうもありがとう、ソフィー。本当に助かった。恩に着る

111

よ。今度ご飯食べに行かない？

コアセンテンス ＋ 利益享受 ＋ 恩義 ＋ お返し

　(2) は、いくつかの補助ストラテジーを使っている例です。This has really helped me out a lot. は、相手から受けた利益の大きさを言葉によって示す「**利益享受**」(38%)、I owe you one! は、感じた恩義（借り）の気持ちを表明する「**恩義**」(14%) の補助ストラテジーです。Situation 1 はこちらが依頼した行為をしてくれたことに対して感謝する場面なので、相手が引き受けてくれたおかげで利益を受けた（助かった）と伝えたり、頼みを聞いてくれたので借りができたと伝えたりすることが有効な感謝となるわけです。「利益享受」の表現には、I learn a lot from you.（きみからたくさんのことを学んだ）/ It is so helpful to have a native speaker look this over.（ネイティブに点検してもらえてとても助かったよ）といった客観的なものから、There's no way I could have done this on my own.（自分だけではとてもじゃないけどできなかった）/ I don't know what I would have done without you.（きみがいなかったらどうなっていたかわからないよ）といった感情的で大げさなものまでありました。

　(1) や (2) のような「**お返し**」の申し出も 36% のネイティブが使っていました。これには、コーヒーや食事をおごるといったものから、If there's anything I can do for you, let me know.（もし私にできることがあったら、教えて）のように、どのような手伝いでもするという申し出までありました。

### (3) アメリカ 40 代男性

Sophie, you're the best. I couldn't have done it without you. I owe you.

ソフィー、きみは最高だよ。きみなしではこのレポートは完成しなかった。恩に着るよ。

呼びかけ ＋ ほめ ＋ 利益享受 ＋ 恩義

　(3) は、コアセンテンスを使わなかった唯一の例です。この例では、You're the best. と相手をほめる「**ほめ**」の補助ストラテジーによって感謝の気持ちを表そ

うとしています。英語では感謝をするときに、相手自身や相手の行為をほめることもよくあります。Situation 1 では、You're so kind.（とても親切だね）/ You are a star!（きみは最高！）/ That is brilliant.（すばらしい）など、12%のネイティブが使っていました。また、助けてもらったときの決まり文句である You are [This is] a life saver.（ほんとに助かったよ）も覚えておくと便利な表現でしょう。

### ネイティブ・データからの結論

　こちらから依頼をしたことをやってもらったときや、相手に時間的・経済的・労力的に大きな負担をかけたときには、Thank you [Thanks] so much. と強調表現を伴ったお礼に I really appreciate your help.（手伝ってくれたこと、本当に感謝してる）と重ねて、コアセンテンスで感謝を強調するのがよさそうです。これに加えて、「**利益享受**」（例：This has really helped me out a lot.（とても助かった））で受けた利益の大きさに言及したり、「**ほめ**」（例：You're so kind.（きみはとても親切だね））で相手の気分をよくしたり、「**お返し**」（例：Let me take you out to dinner as way of showing my appreciation.（お礼の印にディナーに招待させて））で返礼を申し出たりすれば、あなたが心から感謝していることがしっかりと相手に伝わるはずです。日本人には少々大げさに聞こえるかもしれませんが、How can I ever thank you for helping me out?（きみに助けてもらったことをどうやって感謝したらいいんだろう？）/ I couldn't have done it without you.（きみなしではできなかった）/ You are a life saver.（ほんとに助かったよ）などの表現も使えると、さらにネイティブっぽく聞こえるでしょう。

notes

## Situation 2

## Let's try

次のような会話の場面で、あなたなら何と言いますか？ 自分が実際にその状況にいることを想像して、考えてみてください。

あなたは上司（Michael Roberts）と一緒に昼食に行きました。お店を出るとき、彼はあなたの食事代も払ってくれました。あなたは感謝の気持ちを表します。

You:

では、ネイティブはどうやって感謝するのか、見てみましょう。あなた自身のやり方と比べてみてください。

> ネイティブはこう話す

　昼食をごちそうしてくれた上司に対して感謝を述べる状況です。こちらから依頼をしたわけではありませんし、相手が費やした時間・お金・労力もそれほど大きいわけではありませんが、相手の厚意に対して感謝の気持ちを伝える必要はありそうです。

(a) 相手との関係　»　知り合い（社内）、目上
(b) 相手が費やした時間・お金・労力の大きさ　»　小さい
(c) 相手の行為から受けた利益　»　小さい
(d) 話し手からの依頼の有無　»　なし

　それでは、ネイティブの感謝の仕方を見てみましょう。Situation 2 のコアセンテンスで使われた主な表現は、以下の通りです。

### 感謝のコアセンテンスで使われる表現

Thanks (so much / a lot) (for ...).
Thank you (very much) (for ...).
I (really) appreciate it.

　次は、補助ストラテジーです。Situation 2 で使われた主な補助ストラテジーには、以下のようなものがありました。

### 感謝の補助ストラテジー

驚き：　　　Wow, that's a nice surprise!
確認：　　　Are you sure?
ほめ：　　　That's really kind of you.
厚意の不要：There's no need to pay my share.
お返し：　　You must let me treat you next time.

では、ネイティブの実際の回答をいくつか具体的に見ていきましょう。

> **(1) アメリカ20代男性**
>
> <u>Thank you,</u> Mr. Roberts! You really didn't have to do that. Next time is on me.
>
> ありがとうございます、ロバーツさん！ 本当にそんなことしていただかなくてもよかったんですが。次回は私が払います。
>
> ---
> **コアセンテンス ＋ 厚意の不要 ＋ お返し**

　Situation 2 でも、ほとんど（90%）のネイティブがコアセンテンスを使って感謝を伝えていました。相手は目上ですが、Thank you. だけでなく、Thanks. も同じくらいの頻度で使われており（Thank you. 48%、Thanks. 40%）、それらの70%が強調表現を伴わずに使われていました。また、I appreciate it. を重ねて感謝の気持ちを強調したネイティブは、わずか8%しかいませんでした（全員アメリカ人）。強調表現や、Thanks. / Thank you. と I appreciate it. を重ねることによって感謝を強調したネイティブが多かった Situation 1 とは、ずいぶん違いますね。相手が目上であっても、相手の負担や自分の利益がそれほど大きくないときには、あまり感謝を強調しなくてもよいようです。

　もう一つ Situation 1 と異なる点は、(1) の You really didn't have to do that. のように、相手にそのような行為をしてもらう必要がないことを伝える「**厚意の不要**」の補助ストラテジーが 30%のネイティブによって使われていたことです（ほかの例：You didn't need to (do that). (そんなことしてくださらなくてもよかったのですが) / You shouldn't have! (そんなにお気遣いしてくださらなくても！))。これらは、率先して厚意を示してくれた相手に対して遠慮を示す表現ですから、Situation 1 のようにこちらから依頼をした行為に対する感謝では使えないわけです。一方で、Situation 2 では、相手から受けた利益を表す「**利益享受**」や恩義（借り）の気持ちを表明する「**恩義**」はまったく使われていませんでした。

> **(2) アメリカ20代女性**
>
> Wow, that's a nice surprise! Are you sure? <u>Thanks for lunch,</u> Michael!

> わあ、素敵なサプライズ！ いいんですか？ ごちそうさまです、マイケルさん。
>
> ---
> 驚き ＋ 確認 ＋ コアセンテンス

　少数ですが、「厚意の不要」の代わりに、期待していなかったことを表す「驚き」（10%）を使う人もいました（ほかの例：Oh, my goodness!（あら、まあ！）/ I didn't expect you to pay for my lunch.（お昼代を払っていただくなんて思ってもいませんでした））。また、Are you sure (about that)?（いいんですか）と、本当に厚意を受けてもよいのか確認する「確認」（6%）が使われている例もありました。これらの補助ストラテジーも、おごってもらえるのが当然とは思っていないことを表して、相手の厚意に対する感謝を間接的に伝える働きをしています。

### (3) イギリス50代女性

> Michael, you shouldn't have! My turn next time.
>
> マイケルさん、そんなにお気遣いしてくださらなくても！ 次は私の番ですからね。
>
> ---
> 呼びかけ ＋ 厚意の不要 ＋ お返し

　イギリス人の20%は、コアセンテンスを使ってお礼を言うことをしませんでした。その場合、(3)のように、「**厚意の不要**」を伝えたり、「**お返し**」を申し出たりすることによって、間接的に感謝の気持ちを伝えていました。また、「**お返し**」は、Situation 2でも44%のネイティブによって使われていたので、話し手からの依頼の有無や受けた利益の大きさには関係なく、英語で感謝するときにはよく使われる補助ストラテジーだと言えそうです（ほかの例：I'll treat you next time.（次回は私がごちそうします）/ Remind me it's my turn next time we're out!（次回は私の番ですから、忘れないように言ってくださいね）/ Let me buy you lunch tomorrow.（明日は私に払わせてください））。

## ネイティブ・データからの結論

　相手が率先して何かをしてくれたとき、時間・お金・労力をそれほど費やしたのではないことが明らかな場合には、たとえ目上の相手に対してであっても、英語ではそれほど感謝を強調しなくてもよさそうです。会社の上司や同僚に普段の食事をおごってもらったときなどには、Thanks. と一言お礼を言ってから、But you really didn't have to (do that).（そんなことしていただかなくてもよかったのですが）などと相手の気遣いが不要であることに触れ（「**厚意の不要**」）、最後に Next time is on me.（次回は私が）などと「**お返し**」を申し出る、という流れが定番のようです。必要がないことを言う代わりに、期待していなかったことを伝えるために Oh, my goodness! と「**驚き**」を見せたり、遠慮を示すために Are you sure?（いいんですか）と「**確認**」したりしてもよいでしょう。

### アメリカ英語 vs. イギリス英語

　Thank you. / Thanks. のほかに I (must) appreciate it [your ...ing / your help]. / I'm grateful (for ...). を使った人の割合は、Situation 1 では英米でほぼ同じでしたが、Situation 2 ではアメリカ人だけが使っていました。もしかしたらイギリス英語では、昼食をおごってもらう程度ではお礼の言葉は Thanks. / Thank you. だけで十分なのかもしれません。

　また、イギリス人の一人が Cheers. を使っていましたが、これはイギリス（やオーストラリアなど）で Thanks. の代わりに使われるお礼の表現です。ちなみに、Cheers. はイギリスでは Hi. の代わりの出会いの挨拶や、Bye. の代わりの別れの挨拶としても使われますが、アメリカでは乾杯の掛け声以外の意味で使われることはあまりありません。

# Unit 9　Compliment » ほめ

> ほめのルール

　〈ほめ〉は、肯定的に評価されている物事に対する功績を聞き手（相手）に帰属させる発話行為で、聞き手のポジティブ・フェイスを満足させる最も効果的な手段の一つです。そのため、ポジティブ・ポライトネスが重視される英語圏では、社会生活の潤滑油として頻繁にほめ言葉が交わされます。人を上手にほめたり、ほめられたときに上手に返事をしたりすることが、良好な人間関係を築くための大切なスキルになっているのです。ほめる際には、次の点に気をつけましょう。

**(a) 相手との関係**　»　親しい⇔知り合い⇔知らない、目上⇔同等⇔目下
**(b) ほめる対象**　»　外見／所有物／能力／業績

ほめる対象は、以下のように区別されます。

①**外見**（容姿、髪型など）
②**所有物**（身につけている物、持ち物など）
③**能力**（技術、資質など）
④**業績**（作った物、成果、成績など）

　なお、英語圏では、学歴や勤務先などの公的な属性をほめることはあまりありません。また、他人の前で家族などの身内をほめることがあるのも日本とは違う点です。

▷ **より効果的なほめ方をするには？**
　→肯定的な評価を表す形容詞をうまく使う。控えめに言うよりは、大げさと感じられるくらいに強調したほうがよい。
　→ほめる対象物に興味を示したり、自分と比較して相手を高めたりすることによって、儀礼的にほめているのではないことが伝わるようにする。

　では、実際の会話の場面を想像して、英語でほめてみましょう。

## Situation 1

### Let's try

次のような会話の場面で、あなたなら何と言いますか？ 自分が実際にその状況にいることを想像して、考えてみてください。

> あなたは上司のお宅に招かれています。上司の奥さん（Nancy Roberts）が、ごちそうでもてなしてくれました。料理を食べながら、彼女の料理の腕前をほめます。
>
> You:

では、ネイティブはどうやってほめるのか、見てみましょう。あなた自身のやり方と比べてみてください。

> ネイティブはこう話す

Situation 1 は、上司の奥さんの料理の腕前をほめるという状況です。

**(a) 相手との関係** » よく知らない、目上
**(b) ほめる対象** » 能力（料理の腕前）、業績（出された料理）

それでは、ネイティブのほめ方を見てみましょう。Situation 1 のコアセンテンスで使われた主な表現は、以下の通りです。

---

**ほめのコアセンテンスで使われる表現**

名詞句 ＋ is / are ＋ 形容詞（This food is delicious.）
This is ＋ 形容詞 ＋ 名詞句（This is an excellent meal.）
You are ＋ 形容詞 ＋ 名詞句（You are a fantastic cook.）
You have ＋ 形容詞 ＋ 名詞句（You really have some natural talent for cooking.）

---

なお、今回のアンケートでは使われていませんでしたが、英語のほめ言葉によく見られる表現には、"I like [love] ＋ 名詞句"（例：I really like your bag.（そのバッグ素敵ですね））、"You ＋ 動詞（＋ 名詞句）＋ 副詞"（例：You really did it well.（本当によくやったね））、"What ＋ 形容詞 ＋ 名詞句!"（例：What a lovely baby you have!（なんてかわいい赤ちゃん！））などもあります。

次は、補助ストラテジーです。Situation 1 で使われた主な補助ストラテジーには、以下のようなものがありました。

---

**ほめの補助ストラテジー**

驚き： Oh wow!
関心： How long have you been cooking?
羨望： I wish I had your skills in the kitchen.

> 感謝： Thank you so much for preparing such a delicious meal.

では、ネイティブの実際の回答をいくつか具体的に見ていきましょう。

### (1) アメリカ 50 代女性

Nancy. This is such a delicious meal! You are an excellent cook. Can I get your recipe?

ナンシーさん。これはすばらしい料理です！ あなたは料理の名人ですね。このレシピもらえますか？

---

**呼びかけ ＋ コアセンテンス ＋ コアセンテンス ＋ 関心**

(1) では、コアセンテンスで業績（料理）と能力（料理の腕前）の2種類の対象をほめており、料理をほめる表現には "**This is ＋ 形容詞 ＋ 名詞句**"、相手の腕前をほめる表現には "**You are ＋ 形容詞 ＋ 名詞句**" が使われています。また、コアセンテンスの後に Can I get your recipe? と言って、ほめる対象に「**関心**」を示す補助ストラテジーを使っています。ほかにも How did you make it?（どうやって作ったんですか）など、作り方に関する質問は手料理をほめるときの定番のコメントですが、この補助ストラテジーを加えることによって、ほめ言葉が上辺だけのものではないことを伝えられます。ほかにも、This is delicious, and must have taken you ages to prepare.（とてもおいしいです。作るのにすごく時間がかかったでしょう？）のように、相手がかけた時間や労力について関心を示すことでもできます。

### (2) イギリス 40 代男性

Nancy. This has been a really delicious meal. Thanks a lot. You really have some natural talent for cooking. Your husband is a lucky man.

ナンシーさん。これは本当においしい料理ですね。ありがとうございます。あなたは料理の才能がありますね。ご主人は幸運ですね。

---

**呼びかけ ＋ コアセンテンス ＋ 感謝 ＋ コアセンテンス ＋ 羨望**

(2) は、料理の味と相手の腕前をほめるコアセンテンスに加えて、「**感謝**」(Thanks a lot.) と「**羨望**」(Your husband is a lucky man.) の補助ストラテジーを使っている例です。「**感謝**」は18%、「**羨望**」は16%のネイティブに使われていました。「**羨望**」は、ほめの対象を持つ相手やその恩恵を受ける人を羨ましく思う気持ちを伝えたり（例：I wish I had someone cooking for me like this every day!（こんな料理を毎日作ってくれる人が誰かいたらいいんですけどね））、ほめる対象に関して自分を低めたりする（例：I try to make some things here and there but nothing ever comes out like this.（ここにある料理をいくつか作ったことはあるんですが、こんなふうにできたことは一度もないです））ことによって、ほめの効果を高める補助ストラテジーです。

### (3) アメリカ 40 代男性

Mrs. Roberts. This chicken in wine sauce is wonderful. I would love to have the recipe, but I'm sure I couldn't do it justice as you have.

ロバーツさん。このチキンのワインソース煮はすばらしいです。ぜひレシピをいただきたいですね。でも、あなたのように上手には作れないでしょうけど。

---

呼びかけ ＋ コアセンテンス ＋ 関心 ＋ 羨望

ほめのコアセンテンスの表現の多くでは、肯定的な評価を伝えるために形容詞が使われますが、料理をほめる Situation 1 では delicious（46%）が最もよく使われていました。ほかに多かったのは、amazing（12%）、excellent（12%）、fantastic（12%）、wonderful（10%）などでした。例えば、(1) では excellent (You are an excellent cook.) が、(3) では wonderful (This chicken in wine sauce is wonderful.) が使われています。excellent, wonderful, amazing, fantastic などでは大げさすぎるのではないかと感じる読者もいるかもしれませんが、英語でほめるときにはこのくらいでちょうどよいようです。逆に good だと本気でほめているように感じられない可能性があるため、good は単独では使わず、This food is *really* good. のように、必ず強調表現も加えましょう（今回のアンケートでも、good を単独で使ったネイティブは一人もいませんでした）。

また、日本語では「すばらしい」という意味で「最高ですね」と言うことがあ

りますが、これを英語に直訳して best と言うのは正しくありません。This food is delicious! Best meal I've had in ages!（この料理、とてもおいしいです！ こんなにおいしい料理は本当に久しぶりです！）のように、「一定期間に食べた料理の中で一番よい」という意味でなら使うことができます。

## ネイティブ・データからの結論

　手料理をごちそうになったときには、「お料理が上手ですね」と相手の能力だけをほめるのではなく、必ず料理自体もほめましょう。料理をほめるときには This is (really) delicious!（これ、ほんとにおいしいです！）/ This food is amazing!（この料理、びっくりするほどおいしいです！）、人をほめるときには You are a great cook! / You are a wonderful cook!（とても料理上手ですね！）といった簡単な表現で十分です。

　コアセンテンスだけでも大丈夫ですが、さらに、その料理について質問したり（例：Is this your own recipe?（これ、オリジナルのレシピですか））、作り方を教えてくれるように頼んだり（例：Can I get your recipe?（レシピを教えてもらえますか））して**「関心」**を示す、ごちそうになったことを**「感謝」**する（例：Thanks so much for the meal.（ごちそうさまでした））などの補助ストラテジーも加えれば、より相手のポジティブ・フェイスを満たし、良好な関係を築けるでしょう。

## ほめに対する返答のルール

ほめられたときにはどのように反応すればよいでしょう？ ほめに対する返答には、次の3つのタイプがあります。

①**受け入れ**（感謝、同意、肯定的説明など）
②**拒絶**（不同意、自己卑下など）
③**回避**（中立的・否定的説明、冗談、話題の変更など）

「①受け入れ」を選ぶと、相手の意見を肯定することになりますが、謙遜はしていないので、自慢しているように取られる恐れもあります。一方、「②拒絶」すると、謙遜はできますが、相手の意見や価値観を否定することになるため、相手のポジティブ・フェイスを脅かしかねません。つまり、どちらを選んでも100%相手を立てることはできないのです。そこで、はっきりとは受け入れも拒絶もしない「③回避」の返答をすることもあります。

日本語では謙遜してほめ言葉を否定する場合も多いかもしれませんが、英語では受け入れる返答が好まれることが指摘されています。

上記の返答のタイプは複数組み合わせることもできますので、例えば、一度受け入れてから、後で否定的コメントを加えて謙遜する、といったことも可能です。ほめに返答する際は、次の点に気をつけましょう。

**(a) 相手との関係** » 親しい↔知り合い↔知らない、目上↔同等↔目下
**(b) ほめられる人** » 自分自身／身内
**(c) ほめられる対象** » 外見／所有物／能力／業績

▷**ほめられたときにうまく返答するには？**
→せっかくのほめ言葉を全面的に拒絶すると失礼になるので、もし謙遜したくても、まずは感謝の意を述べてほめ言葉を受け入れたほうがよい。
→感謝のあとに、何かコメントを加えて話題を広げる。

では、実際の会話の場面を想像して、英語でほめに返答してみましょう。

## Situation 2

### Let's try

次のような会話の場面で、あなたなら何と言いますか？ 自分が実際にその状況にいることを想像して、考えてみてください。

> 今日あなたの家の隣に、あなたと同年代の夫婦が引っ越してきて、挨拶に来ました。5歳になるあなたの娘も一緒に玄関で彼らを出迎えましたが、そのあと家の中に戻っていきました。その夫婦はあなたに "What a beautiful girl she is!" と言いました。あなたは何と答えますか？

You:

では、ネイティブはほめ言葉に対してどのように返答するのか、見てみましょう。あなた自身のやり方と比べてみてください。

> ネイティブはこう話す

　Situation 2 は、ほめるのではなく、ほめられる状況です。ほめられる人は自分の娘、つまり、自分自身ではありませんが、自分の身内です。ほめられる対象は、外見（容姿）です。相手は同年代ですので、目上でも目下でもありません。初対面ですが、隣に引っ越してきた人たちなので、これから親しく接していくことになりそうです。

**(a) 相手との関係**　»　初対面、同等
**(b) ほめられる人**　»　身内（娘）
**(c) ほめられる対象**　»　外見（容姿）

　それでは、ネイティブのほめに対する返答の仕方を見てみましょう。なお、ほめに対する返答には、「コアセンテンス + 補助ストラテジー」という分類の仕方は馴染まないため、「返答のストラテジー」として分類することにします。

---

**ほめに対する返答のストラテジー**

感謝：　　　　Thank you.
同意：　　　　We think so too.
肯定的説明：　She has a great heart too.
中立的説明：　She is growing up so fast. I cannot believe she is already five years old.
話題の変更：　Do you have any children of your own?
冗談：　　　　You can have her for the day if you like.
否定的説明：　However, her beauty doesn't match her attitude.

---

　では、ネイティブの実際の回答をいくつか具体的に見ていきましょう。

## (1) アメリカ 20 代男性

　Well, thank you. We certainly think so!

> ありがとうございます。私たちもそう思ってるんです。
>
> 感謝 ＋ 同意

　96％のネイティブの返答が「①受け入れ」でした。そのほとんどで「**感謝**」のストラテジー（Thanks. / Thank you.）が使われていました。「③回避」を使ったネイティブが4％いましたが、ほめ言葉を「②拒絶」したネイティブは一人もいませんでした。自分の家族がほめられた場合でも、まずは「**感謝**」で受け入れるのが英語のやり方のようですね。

### (2) アメリカ20代女性

> Thank you! We're very proud of her.
>
> ありがとうございます。自慢の娘なんです。
>
> 感謝 ＋ 肯定的説明

　(1)や(2)のように、「**感謝**」の後に「**同意**」（8％）（ほかの例：We certainly think so!（全く同感です！））または「**肯定的説明**」（32％）（ほかの例：She really is wonderful.（本当にすばらしい娘なんです）/ Yeah, she's our little pride and joy.（ええ、私たちのささやかな自慢の種です））を加えたネイティブが4割もいました。かなり多くのネイティブが、ほめ言葉を受け入れた後、さらに自分でも娘をほめているということになりますね。こういう返答の仕方は、日本人としては恥ずかしくてなかなかできないかもしれません。

### (3) アメリカ20代男性

> Oh thank you. She has been growing like a weed for the past few months. They grow up so fast.
>
> ありがとうございます。あの子はここ数か月、雑草みたいな勢いで成長しちゃって。子どもの成長ってほんと速いですよね。
>
> 感謝 ＋ 中立的説明

(3) では、「感謝」の後に「中立的説明」(18%)（ほかの例：She is growing up quite quickly now.（あっという間に大きくなっていくんですよ））が続いています。ほとんどのネイティブは「感謝」の後にほかのストラテジーを加えており、「感謝」しか言わなかったネイティブは 16% しかいませんでした。

> **(4) イギリス 40 代女性**
>
> Thank you. She is an angel … most of the time!
>
> ありがとうございます。天使のような子ですよ、たいていは。
>
> ―――――――――――――――――――――――――――――――
>
> **感謝 ＋ 肯定的説明 ＋ 冗談**

(4) は、一旦はほめ言葉を受け入れて「肯定的説明」をしつつ、謙遜のため、冗談めかして否定的コメントも加えている例です。肯定的な説明を「冗談」にすることによって、自慢に聞こえないように配慮した返答です。

> **(5) アメリカ 20 代女性**
>
> Oh thank you! She's a little rascal, but I love her. Do you have any children?
>
> ありがとうございます。やんちゃなんですけど、かわいい子です。あなた方は、お子さんは？
>
> ―――――――――――――――――――――――――――――――
>
> **感謝 ＋ 否定的＆肯定的説明 ＋ 話題の変更**

(5) では、最後に相手に質問をすることによって、新しい話題を振っています。このように「話題の変更」をしたネイティブも 30% いました。英語圏ではほめ言葉を conversation opener（会話のとっかかり）として活用することも多いので、ほめられたときには「感謝」の後に一言説明を加えたり、相手に話題を振ったりすると、その後の会話がスムーズに進むはずです。

> **(6) イギリス 30 代男性**
>
> You can have her for the day if you like.

よろしかったら、一日お貸ししますよ。

冗談

　全体に占める割合はごくわずか（4%）でしたが、イギリス人の中には、(6) のように「③回避」を選択した人もいました（ほかの例：Oh, but she can be a monster.（でも、とてもお行儀が悪い子になることもあるんですよ））。

### ネイティブ・データからの結論

　ほめられたら、まず Thank you. と「**感謝**」をしましょう。くれぐれも No, not at all.（とんでもないです）/ I don't think so.（そんなことありません）などと言ってほめ言葉を全面的に否定しないように！「**感謝**」に続けて We're very proud of her.（自慢の娘です）などと「**肯定的説明**」も加えると、ネイティブっぽい返答になりますね。さらに、Do you have any children yourself?（お子さんはいらっしゃるんですか）などと「**話題の変更**」もできると、会話も弾みそうです。

### アメリカ英語 vs. イギリス英語

　Situation 1 では、ほめ方には英米の違いは見られませんでした。Situation 2 でも、全般的にほめに対する返答の仕方は似ていましたが、面白い違いも見つかりました。アメリカ人は全員が冒頭で「感謝」(Thanks. / Thank you.) を述べたのに対して、イギリス人の場合は約 8 割でした。特にアメリカでは、「ほめられたらまず Thank you.」というのが社会のルールになっているのかもしれませんね。また、「肯定的説明」を使ったイギリス人は 16% だったのに対して、アメリカ人は 48% と 3 倍も多く、一方で「中立的説明」を使ったアメリカ人は 12% だったのに対し、イギリス人は 2 倍の 24% でした。このデータからは、身内をほめられたときに、アメリカ人はさらに自分でもほめるのに対して、イギリス人は自分で身内をほめることまではしないという違いがあると言えそうです。

# Unit 10 | Disagreement/Correction » 不同意/訂正

## 不同意・訂正のルール

〈不同意〉は、相手の意見や意向に賛成できないことを伝える発話行為であり、〈訂正〉は相手が提供した情報が間違っていることを知らせ、正しい情報を伝える発話行為です。どちらも、相手のポジティブ・フェイスを脅かすことになるので、それを軽減するために話し手は間接的な表現やほのめかす言い方を選んだり、ときには不同意や訂正自体を行わなかったりします。しかし、合意形成を目指した話し合いや正しい情報が必要な場面では、不同意や訂正という目的を達成することも大切です。不同意や訂正をするときには次の点に気をつけながら、上手に伝える必要があります。

(a) 相手との関係 　》　親しい↔知り合い↔知らない、目上↔同等↔目下
(b) 不同意や訂正をしない場合のデメリット　》　大きい↔小さい
(c) 不同意や訂正が容認・期待されているか　》　されている/いない

例えば…

▷ 相手がよく知らない人や目上の人の場合
→親しい友人の場合と比べて、より丁寧な表現が好まれる。

▷ 不同意や訂正をしない場合のデメリットが大きい場合
→より直接的な言い方ではっきりと伝える必要がある（ただし、よく知らない人や目上の人には配慮を示すことも必要）。

▷ 不同意や訂正が容認・期待されていない場合
→たとえ不同意や訂正の必要性が高くても、間接的な表現や、不同意や訂正をほのめかす言い方のほうが好まれる。

では、実際の会話の場面を想像して、英語で不同意や訂正をしてみましょう。

## Unit 10 Disagreement / Correction 不同意／訂正

# Situation 1

## Let's try

次のような会話の場面で、あなたなら何と言いますか？ 自分が実際にその状況にいることを想像して、考えてみてください。

あなたは会社の会議に出席しています。あなたの上司 (Michael Roberts) は A 案を採用したがっているようですが、A 案はリスクが大きいと思われるため、あなたは彼の考えには賛成できません。そこで、彼の考えに反対し、代わりに B 案を推します。

You:
_____
_____
_____
_____
_____

では、ネイティブはどうやって不同意を表明するのか、見てみましょう。あなた自身のやり方と比べてみてください。

> ネイティブはこう話す

　職場の会議で上司の意見に不同意を表明する状況です。A案が採用になると会社にとってのデメリットも大きいと考えられるので、反対の意志は伝えるべきでしょう。合意形成を目指した話し合いの場なので、反対意見を述べることは容認されていますが、相手は直属の上司であるため、言い方にはかなり気をつける必要がありそうです。

**(a)** 相手との関係　》　知り合い（社内）、目上
**(b)** 不同意や訂正をしない場合のデメリット　》　大きい
**(c)** 不同意や訂正が容認・期待されているか　》　されている

　それでは、ネイティブの不同意の仕方を見てみましょう。Situation 1のコアセンテンスで使われた主な表現は、以下の通りです。一般に、間接度が高いほうが、より控えめで丁寧な言い方になります。

---

**不同意のコアセンテンスで使われる表現**

①直接的な表現

　　I don't agree with ...

　　I (really) don't think ... is a good idea.

　　I (really) don't think we should ...

　　I don't think I could go along with ...

②間接的な表現

　　I do have reservations about ...

　　I'm not convinced on ...

　　I (really) think you need to reconsider.

---

　次は、補助ストラテジーです。Situation 1で使われた主な補助ストラテジーには、以下のようなものがありました。

## Unit 10 Disagreement / Correction 不同意／訂正

**不同意の補助ストラテジー**

| | |
|---|---|
| 共感： | I understand your position regarding Plan A. |
| 肯定： | Plan A sounds great. |
| 説明： | I think Plan A is too risky. |
| 代案： | I see Plan B as the better option. |
| 謝罪： | I'm sorry, sir. |
| 譲歩： | Your word is obviously the last one. |

では、ネイティブの実際の回答をいくつか具体的に見ていきましょう。

### (1) イギリス 20 代男性

<u>I don't agree with Plan A.</u> The risk is too high. What do you think of Plan B?

私は A 案には賛成ではありません。リスクが高すぎます。B 案についてはどう思われますか？

---

**コアセンテンス ＋ 説明 ＋ 代案**

### (2) イギリス 50 代男性

<u>With all due respect, sir, I don't think Plan A is a good idea,</u> because it presents a considerable risk to the company. I think Plan B would be a less risky option. But of course it's up to you.

お言葉を返すようで恐縮ですが、A 案は当社をかなりのリスクに晒すことになるので、よい案ではないと思います。B 案ならリスクが少ないのではないかと思われます。もちろん、最終判断はお任せしますが。

---

**コアセンテンス ＋ 説明 ＋ 代案 ＋ 譲歩**

　(1)、(2) ともに、コアセンテンスで「①直接的な表現」を使って不同意を明確に言葉で伝えている例です。このようにコアセンテンスによってはっきりと反対意見を述べたネイティブは 16% で、全員イギリス人でした。

(1) も (2) も「①直接的な表現」を使っていますが、押しつけを弱める緩和表現である with all due respect を加えた (2) のほうが丁寧な印象です。また、補助ストラテジーについても、不同意の理由の「**説明**」と自分の意見である「**代案**」を示しているだけの (1) と比べて、It's up to you. と「**譲歩**」も組み合わせることで相手が不快に感じないように主張を和らげる工夫がされている (2) のほうが、より丁寧な言い方であることがわかります。

### (3) アメリカ 30 代男性

I can see the merits of that plan, I'm just a bit nervous about the risks involved. I'm wondering if we can spend a bit more time discussing the alternative, particularly regarding the issue of the risks involved. It seems to me that the other plan might have a lot less risk for a pretty similar return.

その案の利点はよくわかりますが、リスクがやや心配です。特にリスクの問題の観点から、代わりの案についてもう少し時間をかけて話し合ったほうがよいのではないでしょうか。ほかの案のほうが、リスクを小さくしながら同程度のリターンを得ることができるように思われるのですが。

肯定 ＋ 説明 ＋ 代案

　不同意を伝えるためにネイティブが最もよく使った補助ストラテジーは、ほかの案を提案する「**代案**」（96％）（ほかの例：For me Plan B seems to be the best option.（私には B 案が最善の選択肢だと思われます）／ I would suggest going for Plan B instead.（代わりに B 案を採用することを提案します））と、賛成できない理由を述べる「**説明**」（86％）（ほかの例：I feel Plan A poses too many risks for the potential reward.（A 案は実現した場合の利益に比べてリスクが多すぎると感じます）／ I think there might also be some significant risks involved.（かなり重大なリスクもあるのではないかと思います））でした。これらの補助ストラテジーは、(1) や (2) のように自分の意見をサポートするためにコアセンテンスと一緒に使われることもありますが、Situation 1 では、むしろ (3) のように、コアセンテンスの代わりに不同意をほのめかす用法として使われるケースがほとんど（84％）でした。

(3) では、反論する前に一旦相手の意見を認める「**肯定**」も使われています（ほかの例：Plan A does have a lot of good aspects.（A案には多くのよい側面があります）/ Michael's plan definitely has its merits.（マイケルさんの案は明らかにいくつかの利点もあります））。これは、次の (4) で使われている、相手の立場や気持ちを思いやる「**共感**」（ほかの例：I see your point on Plan A.（A案について力説なさりたい点は理解できます）/ I understand that you feel Plan A is the best fit.（A案が最適な案だとお考えであることはわかります））とともに、相手のポジティブ・フェイスを積極的に満たすことによって、軋轢を緩和しようとする補助ストラテジーです。「**肯定**」は28%、「**共感**」は26%のネイティブに使われていました。

### (4) アメリカ20代男性

Michael, I understand your reasons for wanting to go with Plan A, but I think the risk is too high and that we should consider Plan B.

マイケルさん、A案になさりたい理由は理解できます。しかし、リスクが高すぎるので、B案を検討するべきだと思います。

**呼びかけ ＋ 共感 ＋ 説明 ＋ 代案**

### ネイティブ・データからの結論

会議の席とはいえ、相手は上司なので、はっきりと「同意しない」とは言わずに、賛成できない理由の「**説明**」（例：I feel it's just too much of risk.（リスクが大きすぎると感じます））や、もっとよいと思われる案を出す「**代案**」（例：I think Plan B would be a much better option at the moment.（現時点では、B案のほうがはるかによい選択肢ではないかと思います））を使って、同意できないことを間接的に伝えたほうがよさそうです（特にアメリカでは）。

また、はじめに「**肯定**」（例：Plan A sounds great.（A案はよさそうです））や「**共感**」（例：I understand that you feel Plan A is the best fit.（A案が最適な案だとお考えであることはわかります））を加えると、相手の気持ちへの配慮を示すことができます。I don't think Plan A is a good idea.（A案はよい案だとは思いません）のように、どうしてもはっきりと反対意見を言いたいときには、With (all due) respect ...（お言葉ですが）/ I'm sorry, but ...（申し訳ありませんが）などの緩和表現とともに使うようにしましょう。

　英語圏の文化では「相手の意見を否定すること」と「相手を否定すること」は異なり、ストレートに反対意見を言ってもかまわないと思っている読者も多いかもしれません。しかし、今回のデータから、ネイティブも相手の気持ちを害さないように配慮しながら不同意を表明していることがわかったのではないでしょうか。

## Unit 10 Disagreement / Correction 不同意／訂正

### Situation 2

### Let's try

　次のような会話の場面で、あなたなら何と言いますか？ 自分が実際にその状況にいることを想像して、考えてみてください。

> 　あなたは同僚の Ken NAKATA（中田健）から、今日の午後に取引先の担当者がオフィスに訪ねてくる予定であると聞きました。その人は彼の不在中にやってきて、あなたに「Mr. TANAKA（田中）」と面会したいと言いました。同僚の名前を間違えて覚えているその人に、正しい名前を知らせます。

You:
_____
_____
_____
_____
_____

　では、ネイティブはどうやって訂正をするのか、見てみましょう。あなた自身のやり方と比べてみてください。

> ネイティブはこう話す

　仕事上の取引先の担当者の間違いを訂正する状況です。名前の覚え間違いを指摘するだけですが、訂正された相手は恥ずかしい思いをするかもしれません。訂正が期待されている状況ではありませんし、面識のないビジネス上の相手なので、相手に恥をかかせないような配慮が必要でしょう。

**(a) 相手との関係** 》　初対面（社外）、同等
**(b) 不同意・訂正をしない場合のデメリット** 》　小さい
**(c) 不同意・訂正が容認・期待されているか** 》　されていない

　それでは、ネイティブの訂正の仕方を見てみましょう。Situation 2 のコアセンテンスで使われた主な表現は、以下の通りです。一般に、間接度が高いほうが、より控えめで丁寧な言い方になります。

---

**訂正のコアセンテンスで使われる表現**

①直接的な表現

　　It's *XXX*, not *YYY*.
　　Actually it's *XXX*.
　　You must mean *XXX*.
　　I think [believe] you mean *XXX*.
　　We don't have [We have no / There is no] *YYY*.

②間接的な表現

　　Is that *YYY* or *XXX*?
　　Do [Did / Could] you mean *XXX*?
　　Were you thinking of *XXX* (instead of *YYY*)?

---

　次は、補助ストラテジーです。訂正で使われる補助ストラテジーには、以下のようなものがあります。

Unit 10 Disagreement / Correction 不同意／訂正

> 訂正の補助ストラテジー
>
> 謝罪： Oh I'm sorry.
> 慰め： The names are easily mixed up, don't worry.
> 話題の変更： He will be back soon, just take a seat.

では、ネイティブの実際の回答をいくつか具体的に見ていきましょう。

### (1) イギリス20代男性

Sorry, his name is Nakata. I've made that mistake a few times myself!

> すみません、彼の名前は中田です。私も何度か間違えてしまったことがあるんですよ！

**謝罪 ＋ コアセンテンス ＋ 慰め**

(1) は、コアセンテンスで正しい名前を示す「①直接的な表現」を使ってはっきりと訂正している例です。なお、That's wrong.（間違っていますよ）/ It's wrong name.（名前が違います）のように wrong（間違っている）という言葉で指摘したネイティブは一人もいませんでした。

(1) では、「①直接的な表現」によって相手が気を悪くするかもしれないので、最初に Sorry. と「謝罪」をするとともに、勘違いをしてしまうのはあなただけではないという「慰め」を加えることで、訂正されて相手が感じる恥ずかしさを薄める工夫がされています（ほかの例：It's an easy name to get confused.（間違いやすい名前なんです）/ Don't worry, everyone gets it wrong!（お気になさらないでください。みなさんお間違えになります））。「謝罪」を使ったネイティブは16%（全員イギリス人）、「慰め」を使ったネイティブは22%でした。

### (2) アメリカ40代男性

Tanaka? Is it possible that you're looking for Ken Nakata? Yes, he's out of the office at the moment, but he let me know that you'd be coming and I'd be happy to help you.

> 田中ですか？　もしかして中田健をお探しでしょうか？　ただいま席を外しておりますが、お客様にご対応するよう彼から言われておりますので、私がご用件をお伺いいたします。
>
> ――――――――――――――――――――――――――――――
> **コアセンテンス ＋ 話題の変更**

　(2) は、はっきりと訂正する代わりに、「②間接的な表現」を使って相手が言った名前を確認している例です（ほかの例：Are you looking for Nakata?（中田をお探しでしょうか）/ You have a meeting [an appointment] with Nakata?（中田と打ち合わせのご予定でございますか））。「②間接的な表現」は、間違いをほのめかして相手自身に気づいてもらうようにするため、はっきり訂正するよりも相手のポジティブ・フェイスを脅かす程度は小さくなります。また、この例では、「**話題の変更**」によってそのまま自然にビジネス上の応対の会話へと話題を変えています。「**話題の変更**」を使ったネイティブは 36% でした。

### (3) イギリス 20 代女性

> Mr. Nakata is currently out of the office, but will be back shortly. What time were you and Mr. Nakata due to meet?
>
> 中田はただいま席を外しておりますが、すぐに戻ってまいります。中田とは何時のお約束でしょうか？
>
> ――――――――――――――――――――――――――――――
> **話題の変更**

　今回のデータでは、「①直接的な表現」のみを使った人が 40%、「②間接的な表現」のみを使った人が 46%、両方一緒に使った人が 10% いました。残りの 4% は、確認をするだけでも失礼にあたると考えたようで、(3) のように、まるで相手の間違いに気がつかなかったかのように、正しい名前を使って応答していました。

## ネイティブ・データからの結論

「①直接的な表現」（例：Actually it's Nakata.）を使ってはっきりと訂正しても、「②間接的な表現」（例：Do you mean Nakata?）を使って相手の言った名前を確認することによって間違いに気づいてもらうようにしても、どちらでも問題なさそうです。ただし、相手はビジネス上の取引先の社員であり初対面でもあるので、はっきりと訂正する場合には、相手の間違いを訂正する失礼を Sorry. と「**謝罪**」したり、「**慰め**」（例：The names are easily mixed up, don't worry.（間違えやすい名前ですから、お気になさらないでください））を加えたりして、相手に恥をかいたと感じさせないようにする工夫が必要でしょう。確認するだけでも失礼になるのではないかと思う場合は、会話の中でさりげなく正しい名前を繰り返して、自然に気づいてもらうという方法もありますね。

### アメリカ英語 vs. イギリス英語

Situation 1 では、コアセンテンスを使ってはっきりと不同意を述べたのはイギリス人だけでした（米 0%、英 32%）。また、「共感」（米 36%、英 16%）、「肯定」（米 32%、英 24%）など、相手のポジティブ・フェイスを満足させるストラテジーを使った人の割合も、イギリス人のほうが低いという結果になりました。相手の意見を否定する不同意のように、ポジティブ・フェイスを脅かす程度が高い場合には、アメリカ人のほうが相手のポジティブ・フェイスを守ることに気を遣うのかもしれません。

Situation 2 では、コアセンテンスには英米の違いはありませんでしたが、「謝罪」をしたのはイギリス人だけでした（米 0%、英 32%）。些細な間違いの訂正程度ではポジティブ・フェイスへの侵害度は低いので、アメリカ人も Situation 1 ほどフェイスへの配慮をしなかったのでしょう。一方のイギリス人は、ここでもネガティブ・ポライトネス・ストラテジーである「謝罪」を多用しています（謝罪の英米差については、〈Unit 7 謝罪〉もご参照ください）。相対的に、アメリカはポジティブ・ポライトネス文化、イギリスはネガティブ・ポライトネス文化の性格が強いのかもしれません。

# Unit 11 Refusal » 断り

## 断りのルール

〈断り〉は、相手からなされた依頼、誘い、申し出、提案などの内容を行うことを否定する発話行為で、相手のポジティブ・フェイスを脅かすため、相手にとっては聞きたくない返事です。そのため、言い方には細心の注意が必要ですが、相手が言ったことに対しての返答として行うため、前もって何をどのように言うか考えておくことができない分だけ、ほかの発話行為よりも難しいと言えます。相手との関係を悪くしないためにも、次の点に気をつけながら上手に伝える必要があります。

**(a) 相手との関係** » 親しい↔知り合い↔知らない、目上↔同等↔目下
**(b) 断った場合の相手のデメリット** » 大きい↔小さい
**(c) 断らなかった場合の自分のデメリット** » 大きい↔小さい

例えば…
▷ **相手がよく知らない人や目上の人の場合**
　→親しい友人の場合と比べて、より丁寧な表現が好まれる。
▷ **断った場合の相手のデメリットが大きい場合**
　→間接的な表現や、場合によっては断りをほのめかす言い方のほうが好まれる。
▷ **断らなかった場合の自分のデメリットが大きい場合**
　→より直接的な言い方ではっきりと伝える必要がある（ただし、よく知らない人や目上の人には配慮を示すことも必要）。

では、実際の会話の場面を想像して、英語で断ってみましょう。

## Situation 1

### Let's try

次のような会話の場面で、あなたなら何と言いますか？ 自分が実際にその状況にいることを想像して、考えてみてください。

> あなたとクライアントの担当者との会食がそろそろ終わろうしています。クライアントの担当者がこの後もう一軒飲みに行こうと誘ってきました。しかし、あなたは翌朝早起きしなければいけないため、断ります。

You:
_____
_____
_____
_____
_____

では、ネイティブはどうやって断るのか、見てみましょう。あなた自身のやり方と比べてみてください。

> ネイティブはこう話す

　クライアントの担当者の誘いを断る状況です。この誘いを仕事の延長と捉えるかどうかは会社の業務内容やクライアントとの関係によって異なるかもしれませんが、プライベートな誘いとして捉えたとしても、仕事のクライアントである相手を不快にさせないように気をつける必要があるでしょう。

- **(a)** 相手との関係　»　知り合い（社外）、同等
- **(b)** 断った場合の相手のデメリット　»　小さい
- **(c)** 断らなかった場合の自分のデメリット　»　やや大きい

　それでは、ネイティブの断り方を見てみましょう。Situation 1のコアセンテンスで使われた主な表現は、以下の通りです。一般に、間接度が高いほうが、より控えめで丁寧な言い方になります。

---

**断りのコアセンテンスで使われる表現**

**①直接的な表現**

　I will have to [should] decline.

　I'm going to [will] have to [need to] pass (on).

　I can't (go).

　I'm going to have to say no.

　I won't be able to join you (for another drink).

**②間接的な表現**

　I wish I could ...

---

　次は、補助ストラテジーです。Situation 1で使われた主な補助ストラテジーには、以下のようなものがありました。

> **断りの補助ストラテジー**
>
> 感謝： I appreciate your offer.
> 肯定： That sounds like so much fun!
> 説明： I have to get up early tomorrow and, if I go, I know I'll lose track of time.
> 別の機会の言及： I'll be up for it next time for sure.
> 謝罪： I'm sorry.
> 共感： I hope you have enjoyed the evening.

では、ネイティブの実際の回答をいくつか具体的に見ていきましょう。

### (1) アメリカ 20 代女性

> Oh that sounds like a good time, but I'm sorry, I can't. I have to get up really early tomorrow.
>
> わあ、いいですね。でも、申し訳ないんですが、行けません。明日すごく早起きしなくちゃいけないんです。
>
> **肯定 ＋ 謝罪 ＋ コアセンテンス ＋ 説明**

　(1) は、コアセンテンスで「①直接的な表現」(I can't.) を使っている例です。ここでは I can't. の直前に I'm sorry. と「**謝罪**」をしています。このように I can't. は、必ず I'm sorry, I can't. (**謝罪 ＋ コアセンテンス**) か、I'd love to, but I can't. (**肯定 ＋ コアセンテンス**) のセットで使われていました。(1) のように「①直接的な表現」を使ったネイティブは 30% でした。ほかに使われた表現は decline / pass (on) / say no で、unfortunately / probably / have to / should / need to などの緩和表現を加えて、口調をやわらかくしていました（ほかの例：I am going to *have to* say no. （お断りしなければなりません）/ I *should probably* decline this time. （今回は辞退させていただくほうがよさそうです）/ I *need to* pass on tonight. （今晩は遠慮しておきます））。

　(1) では、コアセンテンスのほかに「**肯定**」、「**謝罪**」、「**説明**」という３つの補助ストラテジーを使って断っています。この回答のように、Situation 1 ではネイ

ティブ全員が、複数のストラテジーを組み合わせることによって、相手のフェイスへの配慮を示していました。よく使われていたストラテジーは、多い順に「**説明**」(100%)、「**肯定**」(60%)、「**別の機会の言及**」(40%)、「**謝罪**」(30%)、「**感謝**」(24%) でした。「**肯定**」(ほかの例：That's a great idea.（いいアイディアですね）/ That would be awesome.（それはすばらしい）) と「**感謝**」(例：Thanks very much for the offer. / I appreciate the offer.（お誘いありがとうございます)) は、断りによって侵害される相手のポジティブ・フェイスを守る効果があります。「**説明**」は、断らなければならない事情を相手に理解し、納得してもらうために使われます。

> **(2) イギリス20代女性**
>
> I would like to, however I have an early start tomorrow. Maybe some other time?
>
> ぜひご一緒したいのですが、明日の朝早いんです。またそのうちに。
>
> 肯定 ＋ 説明 ＋ 別の機会の言及

Situation 1 で最も多かったのは、コアセンテンスを使わずに、補助ストラテジーによって断りの意図をほのめかすやり方です。66%のネイティブがこのやり方で断っていました。コアセンテンスの代わりに使われていたストラテジーは、「**説明**」と「**別の機会の言及**」で、(2) のように両方使うケースも見られました。

> **(3) イギリス20代女性**
>
> I am really sorry, but I have a very early start tomorrow morning, so I think it would be best for me to go home soon. I hope you have enjoyed the evening.
>
> 申し訳ありませんが、明日の朝とても早いので、そろそろお暇したほうがいいと思うんです。今晩楽しんでいただけていたらいいのですが。
>
> 謝罪 ＋ 説明 ＋ 共感

(3) も、「**説明**」を使って断りをほのめかしている例です。「**説明**」の内容で多かったのは、「明日の朝は早起きしなければならない」(例：I have to get up

horribly early tomorrow morning.（明日の朝、すごく早起きしなければいけないんです））、「もう帰らなければならない」（例：I think I will head home now.（そろそろ帰ろうと思います）/ I'd better go home.（家に帰らないと））、「もうお開きにしなければならない」（例：I'm going to have to call it a night.（そろそろお開きにしなければなりません））でした。

> **(4) アメリカ 20 代男性**
> 
> That sounds like so much fun! <u>I really wish I could go,</u> but I've got to finish up some work at the office early tomorrow. Can I get a rain check?
> 
> それは楽しそうですね。ぜひ行けたらいいのですが、明日の朝早くに会社で終わらせなければいけない仕事がありまして。またの機会にしていただけますか？
> 
> ―――――――――――――――――――――――
> 肯定 ＋ コアセンテンス ＋ 説明 ＋ 別の機会の言及

少数（4％）ですが、(4) のように「②間接的な表現」を使ったネイティブもいました（ほかの例：I wish I could join you.（ご一緒できたらよかったのですが））。

補助ストラテジーのうち「**別の機会の言及**」で目立ったのが、rain check という表現です。(4) のほかにも、Give me a rain check.（またの機会にしてください）/ I'll have to take a rain check.（またの機会にしなければなりません）/ Can I take a rain check for the next time?（またの機会にしていただけますか）といった例が見られました。rain check は本来「屋外で行うスポーツの試合が雨で中止になったときにもらえる雨天順延引換券」のことですが、アメリカ英語では「招待や誘いを辞退するときにする後日の約束」という意味でよく使われます。今回のデータでも、アメリカ人の 24％ が使っていました（イギリス人は 0％）。

### ネイティブ・データからの結論

Situation 1 では、必ずしもコアセンテンスは使わずに、理由の「**説明**」（例：I have a really early start in the morning.（朝とても早いんです）/ I have to get up early tomorrow morning.（明日の朝は早起きしなければいけないんです））や、「**別の機会の言及**」（例：Maybe we can do it next time?（また次の機会にでも）/

Another time though definitely.（また今度、必ず））によって、断りをほのめかすのがよさそうです。どうしてもはっきりと断りたい人は、失礼になるのを避けるために、*Unfortunately*, I am going to *have to* pass.（残念ですが、ご遠慮させていただきます）/ I *should probably* decline this time.（今回は辞退させていただくほうがよさそうです）のように、緩和表現を必ず入れるようにしましょう。どちらの場合も、相手のポジティブ・フェイスを満たすために、返事は「**肯定**」（例：That sounds good!（いいですね！）/ I would absolutely love to.（ぜひご一緒したいのですが））か「**感謝**」（例：Thank you for the offer. / I appreciate your offer.（お誘いありがとうございます））で始めることも忘れないようにしてください。申し訳ないという気持ちも伝えたいなら、I'm sorry. と一言「**謝罪**」の言葉も加えましょう。

「英語圏の文化では、何でもはっきり言わなければいけない」と誤解している読者も多いかもしれません。しかし、断りのように相手にとって嬉しくないことを言うときには、英語のネイティブも、ほのめかす、押しつけを緩和する表現を挿入する、相手への配慮を示す補助ストラテジーを加えるといった方法を駆使して、なるべく相手を嫌な気持ちにさせないように話しているのです。

## Situation 2

### Let's try

次のような会話の場面で、あなたなら何と言いますか？ 自分が実際にその状況にいることを想像して、考えてみてください。

> ニューヨーク本社に勤務しているあなたは、上司である Michael Roberts に来月からの北京支社への異動を打診されました。しかし、あなたは子どもの教育のことを考えて、もうしばらくニューヨークに留まりたいと思っています。あなたは彼の提案を断ります。

You:

では、ネイティブはどうやって断るのか、見てみましょう。あなた自身のやり方と比べてみてください。

> ネイティブはこう話す

　上司から異動の打診を受けている状況です。正式な辞令が出る前なので、交渉の余地はありそうですが、上司はあなたが北京支社に異動するという案に賛同しているかもしれないので、あまり無下に断るのも危険です。異動の提案を断るという意志は伝えなければいけませんが、言い方にはかなり気をつける必要がありそうです。

**(a) 相手との関係** » 知り合い（社内）、目上
**(b) 断った場合の相手のデメリット** » 明確ではないが、大きい可能性あり
**(c) 断らなかった場合の自分のデメリット** » 大きい

　それでは、ネイティブの断り方を見てみましょう。Situation 2 のコアセンテンスで使われた主な表現は、以下の通りです。一般に、間接度が高いほうが、より控えめで丁寧な言い方になります。

---

**断りのコアセンテンスで使われる表現**

①直接的な表現

　　I'm going to [will] (have to) decline [refuse].
　　I'm going to [will] (have to) pass (on it).
　　I'm going to (have to) turn it [this] down.
　　I can't accept (your offer).
　　I can't take you up on it.

②間接的な表現

　　There is no way I could make it work right now.
　　I wish I could accept the offer, but ...

---

　次は、補助ストラテジーです。Situation 2 で使われた補助ストラテジーには、以下のようなものがありました。

## 断りの補助ストラテジー

| | |
|---|---|
| 感謝： | Thank you for the offer. |
| 肯定： | That really sounds like a truly amazing opportunity. |
| 説明： | I have to take the children's education into consideration. |
| 理解求め： | I hope you understand. |
| 別の機会の言及： | Sometime in the near future, absolutely. |
| 謝罪： | I'm very sorry. |

では、ネイティブの実際の回答をいくつか具体的に見ていきましょう。

### (1) アメリカ 40 代男性

Thank you so much for the offer. I would really love to go, but I don't think that it would be good to move my kids into a new school at this stage. <u>I think I am going to have to turn this down.</u>

ご提案、どうもありがとうございます。とても行きたいのですが、今の段階で子どもたちが新しい学校に移るのはいいことではないと思うんです。お断りしなければならないと思います。

**感謝 ＋ 肯定 ＋ 説明 ＋ コアセンテンス**

(1) は、コアセンテンスで「①直接的な表現」(turn down) を使ってはっきりと断っている例です。「①直接的な表現」を使ったネイティブは、全体の約 4 割でした。また、そのほとんどは、(1) のように I'm afraid / I think / I feel / unfortunately / respectfully / have to / must などの緩和表現を加えて、押しつけを弱めていました (ほかの例：*I don't think* I can accept.（お受けできないと思います）/ *Unfortunately* I'm going to *have to respectfully* decline.（残念ですが、謹んでお断りしなければなりません）/ *I feel that* I *have to* refuse at the moment.（現時点ではお断りしなければならないと思います））。

また、(1) では、コアセンテンスの前に「**感謝**」、「**肯定**」、「**説明**」という 3 つの補助ストラテジーを使って、相手のフェイスへの配慮を示してから断っています。「**感謝**」（ほかの例：I really appreciate your consideration for the move to

Beijing.（北京への異動を考えてくださってありがとうございます）/ I'm very honored that you are considering me for the transfer to the Beijing branch.（北京支社への異動を考慮してくださってとても光栄です））は 60%、「**肯定**」（ほかの例：That's a great proposal.（すばらしいご提案です）/ The opportunity to work in Beijing sounds amazing.（北京での仕事の機会はとてもすばらしいと思います））は 40%、「**説明**」は 92% のネイティブに使われていました。

> **(2) イギリス 30 代男性**
>
> Wow! Beijing! That's a fantastic opportunity. Thank you for considering me. <u>I wish I could accept the offer,</u> but considering my son's education and everything else, I feel that we should stay put for the moment. Sometime in the near future, absolutely. <u>For the moment though, I can't accept.</u> Sorry.
>
> 北京ですか！ すばらしい機会ですね。私のことを考えてくださって、ありがとうございます。提案をお受けできればよいのですが、息子の教育やら何やらを考えると、もうしばらくここに留まっているべきじゃないかと思うんです。近い将来であれば絶対に行くんですが、現時点ではお受けすることができません。申し訳ありません。
>
> **肯定 ＋ 感謝 ＋ コアセンテンス ＋ 説明 ＋**
> **別の機会の言及 ＋ コアセンテンス ＋ 謝罪**

　(2) は、様々な補助ストラテジーを組み合わせながら、一度「②間接的な表現」で断り、最後に「①直接的な表現」で再度断っている例です。この例では、「**肯定**」、「**感謝**」、「**説明**」のほかに、「**別の機会の言及**」（ほかの例：If the offer came at any other time I'd jump at it.（もし今回のお話がほかの時期であれば、喜んでお受けするのですが）/ I would love to revisit this opportunity in two years.（2 年後にこの機会がもう一度あればと思います））と「**謝罪**」（ほかの例：I'm really sorry that I can't do it.（お受けできなくて本当に申し訳ありません）/ I am sorry if this makes things difficult for you.（このことでご迷惑をおかけしてしまうようでしたら、申し訳ありません））も使われています。「**別の機会の言及**」は 10%、「**謝罪**」は 18% のネイティブが使っていました。

### (3) イギリス 20 代男性

I appreciate the opportunity Mr. Roberts, but to be honest I really think New York would be the best place for me right now. Especially as my children have just started XX School and moving to Beijing would be extremely disruptive for them.

チャンスをくださって感謝します、ロバーツさん。でも、正直なところ、今の私にとってニューヨークが最適な場所だと思うんです。特に子どもたちが XX 学校に通い始めたばかりで、北京に引っ越すことは彼らにとってつもない悪影響になってしまいます。

**感謝 ＋ 説明**

　(3) は、コアセンテンスを使わずに、「**説明**」によって断りをほのめかしている例です。約 6 割のネイティブがこのやり方で断っていました。Situation 1 と同様、はっきりとした断りの言葉を使わずに、ほのめかしのみで意図を伝えるネイティブが多いということがわかります。

「**説明**」の内容は、「時期が悪い」（例：It is just not a good time for me right now.（今すぐというのは時期がよくないんです）／ Unfortunately the timing is not right.（残念ですが、タイミングがよくありません））か、「ニューヨークに留まりたい」（例：I would really like to stay in New York for the present.（今はどうしてもニューヨークに留まっていたいんです）／ I feel that staying in New York for the next two years would work best for my family.（あと 2 年間ニューヨークにいることが家族にとって最良だと思うんです））がほとんどでした。

> **ネイティブ・データからの結論**

　はじめに、Wow, that sounds amazing!（それはすごい！）などと相手の提案の内容を「**肯定**」し、Thank you for the offer.（ご提案ありがとうございます）などと自分に提案・打診をしてくれたことに「**感謝**」の意を示しましょう。その後で、断る理由の「**説明**」を必ずしてください。It is just not a good time for me right now.（今すぐというのは時期がよくないんです）／ Unfortunately, I think it's best for me to stay in New York for the time being.（残念ですが、当面のところは

ニューヨークに留まるのが最良だと思うんです）などのように、「**説明**」だけで断りをほのめかすこともできます。直接的な表現を使ってはっきりと断りたい場合には、*I'm afraid* I am going to *have to regretfully* turn it down.（遺憾ながら、お断りしなければならないかと思います）というように、失礼にならないように必ず緩和表現も一緒に使うようにしてください。

## アメリカ英語 vs. イギリス英語

　Situation 1、Situation 2 ともに目についたのは、アメリカ人は「感謝」（Situation 1：米 32%、英 16%／Situation 2：米 72%、英 48%）を使う割合が大きく、イギリス人は「謝罪」（Situation 1：米 20%、英 40%／Situation 2：米 8%、英 28%）を使う割合が大きいということです。〈Unit 10 不同意／訂正〉でもそうでしたが、両者を比べると、やはりアメリカはポジティブ・ポライトネス文化、イギリスはネガティブ・ポライトネス文化の性格が強いように思われます。

　また、アメリカ英語では、rain check という表現が、誘われた際の遠回しの断りに使われることも覚えておくと便利ですね。

notes

# Unit 12　Complaint » 苦情

> 苦情のルール

　〈苦情〉は、話し手の不利益になる社会的に容認できない行為や状況に対するいらだちを、その行為や状況に責任がある聞き手（相手）に伝える発話行為ですが、苦情を言われた相手は気分を害するのが普通です。苦情は、他人からよい評価を受けたいというポジティブ・フェイスと、自分の行動の自由を他人に制限されたくないというネガティブ・フェイスの両方を脅かす行為だからです。そのため、苦情を言うときには次の点に気をつけながら、上手に伝えなければいけません。

**(a) 相手との関係**　»　親しい↔知り合い↔知らない、目上↔同等↔目下
**(b) 自分が受けた迷惑**　»　大きい↔小さい
**(c) 責任の所在**　»　全面的に相手↔一部相手
**(d) 問題の改善可能性**　»　できる／できない

　その問題に対して相手にどの程度責任があるのか、苦情を伝えれば問題は改善できるのかによって、苦情を言う言葉の強さは変わってきます。また、相手が目上のときは、問題に対する不満を言うにとどめ、相手を非難したり、批判したりしないように注意が必要です。

　例えば…
▷ **相手がよく知らない人や目上の人の場合**
　→より丁寧な言い方や遠慮がちな表現を用いて、押しつけを弱めたり配慮を示したりする必要がある。
▷ **相手に全面的には責任がない場合**
　→一方的に不満を伝えるのでなく、相手の状況に理解や譲歩を示すことも大切。
▷ **問題が改善される余地が残っている場合**
　→苦情を言うだけでなく、現状を説明するなどして、問題の改善を求めるようにする。

　では、実際の会話の場面を想像して、英語で苦情を言ってみましょう。

Unit 12　Complaint 苦情

## Situation 1

### Let's try

次のような会話の場面で、あなたなら何と言いますか？ 自分が実際にその状況にいることを想像して、考えてみてください。

> あなたは貿易会社の課長です。部下の一人、Jim Smith が30分遅刻して会社にやって来ました。彼の遅刻は今月これで3回目です。あなたは彼に苦情を言います。

You:
_____
_____
_____
_____
_____

では、ネイティブはどうやって苦情を言うのか、見てみましょう。あなた自身のやり方と比べてみてください。

> ネイティブはこう話す

度々遅刻する部下の勤務態度に苦情を言う状況です。自分が被る迷惑も大きく、また相手は目下で、問題に対しても全面的に責任があるわけですから、強く不満を訴えても問題なさそうです。上司であるあなたは相手の職務上の人事権を掌握しているので、単に不満を伝えるにとどまらず、警告を与えて強制的に問題を改善させることもできます。

**(a) 相手との関係** » 知り合い（社内）、目下
**(b) 自分が受けた迷惑** » 大きい
**(c) 責任の所在** » 全面的に相手
**(d) 問題の改善可能性** » できる

それでは、ネイティブの苦情の言い方を見てみましょう。Situation 1 のコアセンテンスで使われた主な表現は、以下の通りです。

### 苦情のコアセンテンスで使われる表現

This is (really) unacceptable.
This is not acceptable behavior [behaviour].
This sort of thing cannot be tolerated.
I can't let this [it] slide (any longer).
This (really) isn't [It's not] good enough.

次は、補助ストラテジーです。Situation 1 で使われた主な補助ストラテジーは、以下の通りです。

### 苦情の補助ストラテジー

前置き： I think you probably know why I've called you into my office today.
確認： Is there a problem with getting to work on time?

| | |
|---|---|
| 説明： | This is the third time you've been late this month. |
| 警告： | Every time you're late, it is a step closer to losing your job. |
| 改善要求： | Please make a better effort to be punctual. |
| 規範： | At this office we place a lot of importance on punctuality. |
| 共感： | I know that you are a hard worker and we appreciate your professionalism. |

では、ネイティブの実際の回答をいくつか具体的に見ていきましょう。

### (1) アメリカ 40 代女性

Jim, I think you probably know why I've called you into my office today. Today you were thirty minutes late, and this is the third time this month. <u>This sort of thing cannot be tolerated,</u> and I'm going to have to put you on probation.

ジム、私のオフィスに呼ばれた理由はわかっていると思うけど。今日 30 分遅刻したでしょ。しかも今月これで 3 回目。これはとても許されることではないわ。あなたを特別監視下に置かなければいけなくなるわね。

**呼びかけ ＋ 前置き ＋ 説明 ＋ コアセンテンス ＋ 警告**

(1) は、コアセンテンスではっきりと苦情を述べている例です。まず「**前置き**」をして相手に心の準備をさせ、問題である状況を「**説明**」してから、コアセンテンスでそれに対する苦情を伝えています。そして、最後に「**警告**」を加えることによって、強制的に問題を改善させようとしています。Situation 1 でコアセンテンスを使って苦情を言ったネイティブは 36% でした。また、「**説明**」（ほかの例：I've noticed that you've been late a lot recently.（最近よく遅刻をしているね）/ This is your third time arriving late this month already.（今月になってこれがすでに 3 回目の遅刻ですね））、「**警告**」（ほかの例：If this continues, I will have to take action.（こういうことが続くようなら、措置を講じなければならなくなりますよ）/ I'm warning you now, if this keeps up, the consequences will be severe.（警告しておくけど、こんなことが続けば深刻な結果が待っているよ））の補助ストラテジーは、それぞれ約 8 割のネイティブが使っていました。

### (2) アメリカ 30 代男性

Jim, we need to talk. What's been going on? I've noticed you've been coming in late a few times this month. Is there something going on that I can help you with? If not, well ... could you please stick a little closer to eight o'clock from now on?

ジム、ちょっと話があるんだ。最近どうしたの？ 今月何回か遅刻しているよね。何か助けてあげられるような問題でもあるのかな？ そうじゃないなら、これからは毎日 8 時頃には来るようにしてくれないか？

**呼びかけ ＋ 前置き ＋ 確認 ＋ 説明 ＋ 確認 ＋ 改善要求**

(2) や、次の (3) のように、コアセンテンスの代わりに、「**改善要求**」や「**警告**」の補助ストラテジーを使って苦情を伝えたネイティブが 56% もいました。苦情を伝える主な目的は問題を改善してもらうことですが、「**改善要求**」や「**警告**」によっても同じ効果が期待できるからでしょう。

また、(2) では、相手の状況や問題の原因を問う「**確認**」も使われています。「**確認**」によって、一方的に不満をまくし立てるのではなく、協力的に問題を解決しようとする態度を示せることから、36% のネイティブが使っていました（ほかの例：What happened to you this morning?（今朝何があったんですか）/ Why are you late so often?（どうしてしょっちゅう遅れて来るの？）/ If there is a good reason why you have been late, I would be happy to discuss it with you privately.（遅刻の正当な理由があるなら、個別に話を聞きましょう））。

### (3) イギリス 20 代女性

Jim, this is the third time this month you have been late. I understand that sometimes situations occur that are out of our control, but I must warn you that the company does not tolerate lateness. If you are to be late in future I expect a phone call. Please try not to be late again.

ジム、今月遅刻は 3 回目よ。時にはどうにもならない状況があることはわかるけど、この会社では遅刻は許されないことを覚えておきなさい。遅刻するときは電話をして。そして二度と遅刻しないようにしてちょうだい。

**呼びかけ ＋ 説明 ＋ 共感 ＋ 警告 ＋ 改善要求**

さらにやわらかく苦情を伝える方法として、「**共感**」によって相手の状況に理解を示してから、改善を求めたネイティブも少数（10%）いました（ほかの例：I know you are such a busy person.（きみが多忙なのは知っている）/ I understand we all have our own personal circumstances.（皆それぞれ個人的な事情を抱えていることはわかっている）/ I know that you are a hard worker and we appreciate your professionalism.（きみが勤勉なことは知っているし、専門的技術は評価している））。

### ネイティブ・データからの結論

まず、問題となっている状況を This is the third time you've been late this month.（今月これで 3 回目の遅刻ですよ）などと「**説明**」してから、苦情を伝えるようにしましょう。大きな迷惑を被っていて、その責任が全面的に相手にある場合、特に相手が目下の場合には、This is (really) unacceptable.（これは到底許されない）などとはっきり苦情を言っても問題ありません。また、「**改善要求**」（例：Please make an extra effort to be punctual.（人一倍努力して時間を厳守するようにしてください））や「**警告**」（例：Do keep in mind that tardiness is one of the factors on your annual review.（遅刻はきみの年次考課の要素の一つだということをよく覚えておくように））などをコアセンテンスと一緒に使ったり、コアセンテンスの代わりに使ったりすることもできます。

協力的な態度で接し、苦情を言われる相手のフェイスにも配慮したいなら、「**確認**」（例：Is there a problem with getting to work on time?（定時に仕事に取り掛かるのを妨げる問題でもあるのかな？））、「**共感**」（例：I know you are such a busy person.（きみが多忙なことは知っている））などの補助ストラテジーも加えてみましょう。そうすれば、部下から「鬼上司」と敬遠されずに済むかもしれませんね。

notes

## Situation 2

### Let's try

次のような会話の場面で、あなたなら何と言いますか？ 自分が実際にその状況にいることを想像して、考えてみてください。

> あなたはレストランにいて、注文した料理を30分も待っています。自分より後に注文した隣のテーブルの客は、すでに料理を食べ始めています。あなたはウェイターを呼んで苦情を言います。

You:

では、ネイティブはどうやって苦情を言うのか、見てみましょう。あなた自身のやり方と比べてみてください。

> ネイティブはこう話す

注文した料理がなかなか来ないので、ウェイターに苦情を言う状況です。日本では客のほうが目上と考える人もいるかもしれませんが、英語圏では基本的に客と店員の立場は対等です。人によって許容できる時間には多少の差があるとは思いますが、Situation 1 と比べたら、迷惑の大きさはそれほど大きくないと言えるでしょう。

**(a) 相手との関係** 》 知らない、同等
**(b) 自分が受けた迷惑** 》 小さい
**(c) 責任の所在** 》 お店側（ただし、ウェイターに全責任があるかは不明）
**(d) 問題の改善可能性** 》 できる

それでは、ネイティブの苦情の言い方を見てみましょう。Situation 2 のコアセンテンスで使われた主な表現は、以下の通りです。

**苦情のコアセンテンスで使われる表現**

I want to complain.
That's not really acceptable, is it?
Do you think this is acceptable?
I think this service is unsatisfactory.
This seems excessive, and I am unhappy about the wait.

次は、補助ストラテジーです。Situation 2 で使われた主な補助ストラテジーは、以下の通りです。

**苦情の補助ストラテジー**

確認： Is our food coming out in the next couple minutes?
説明： We have been waiting for our food for thirty minutes.

> 改善要求： Could you get our food as quickly as possible, please?
> 警告： If it doesn't come in the next five minutes, I'm leaving.

では、ネイティブの実際の回答をいくつか具体的に見ていきましょう。

### (1) イギリス 20 代男性

> Excuse me, but the table next to me ordered after me yet have already receive their meals. I have been waiting for thirty minutes. <u>Do you think this is acceptable?</u>
>
> すみません、隣のテーブルは僕より後に注文したのにもう料理が来てるんですけど。僕はもう 30 分も待ってるんですよ。こんなの許されませんよね？
>
> ――――――――――――――――――――――――
> 呼びかけ ＋ 説明 ＋ コアセンテンス

　(1) では、まず呼びかけて、ウェイターがやって来たら、状況を「**説明**」して、コアセンテンスで苦情を伝えています。大半のネイティブが Excuse me. を使って呼びかけていましたが、Waiter. / Sir. / Hi. などを使った人もいました。問題となっている状況の説明では、「長い間待っていること」（ほかの例：We are still waiting for our food!（料理がまだ来ないんですけど！）/ I placed my order over thirty minutes ago.（30 分以上前に注文したんです））と「後から注文した隣の客にすでに料理が来ていること」（ほかの例：That table already have their food and they ordered after me.（あのテーブルにはすでに料理が来てますけど、彼らは私よりも後に注文したんですよ）/ We arrived and ordered before that table yet they have already received their food.（私たちはあのテーブルより先に来て注文したのに、あっちにはすでに料理が来ているんです））のどちらか、あるいは両方に言及していました。(1) のようにコアセンテンスによってはっきりと不満を伝えた人は 10% だけ（全員イギリス人）でした。

### (2) アメリカ 20 代男性

> Excuse me, we ordered about a half hour ago and nothing's come yet. Would you mind checking on our food?

すみません。30分も前に注文したのに、まだ何も来ていないんですけど。僕たちの注文、確認してもらえますか？

**呼びかけ ＋ 説明 ＋ 確認**

### (3) イギリス40代女性

Excuse me, we have been waiting over thirty minutes since we ordered and I notice that other people that came in after us have had their order. Has our order been overlooked?

すみません、私たちが注文してからもう30分も経っていて、私たちより遅く来た人たちのほうに料理が届いているんですけど。私たちの注文、見落とされてませんか？

**呼びかけ ＋ 説明 ＋ 確認**

Situation 2 では、ほとんどのネイティブがコアセンテンスによってはっきり不満を伝えなかっただけでなく、「**改善要求**」（2%）や「**警告**」（6%）もしませんでした。それらに代わって頻繁に使われていたのが状況や原因の「**確認**」で、約9割のネイティブが使っていました。また、全員が「**説明**」をしており、(2)や(3)のように、問題の状況の「**説明**」をしたうえで、相手の状況や原因の「**確認**」をするだけというパターンが7割を占めました。「**確認**」には、When will my meal arrive?（私の料理はいつ来るんですか）/ Will we get ours soon?（料理はすぐに来ますか）のように、あとどのくらい待てばよいかを問うものと、Please can you check what the delay is?（なぜ遅れているか確認してください）/ Would you please find out what the problem is?（何が問題か調べてもらえますか）のように、遅れている原因を問うものがありました。

### ネイティブ・データからの結論

レストランで待たされたときには、Excuse me. と呼びかけ、ウェイターがテーブルにやって来たら、We have been waiting for our order for half an hour.（もう30分も待っているんです）などと状況を「**説明**」してから、Will we get ours soon?（私たちのはすぐに来ますか）と料理がいつ来るか聞いたり、What's the hold-up [delay]?（なぜ来ないんですか）と遅れている原因を「**確認**」したりするとよさそうです。

　それほど大きな迷惑を被っているわけでもなく、遅れの原因がウェイターにあるかどうかもわからない状況なので、ストレートに苦情を述べたり、すぐに料理を持ってくるように要求したり、警告したりするのはやめましょう。英語圏では、客と店員とはあくまで対等の関係であることも忘れないように。

## アメリカ英語 vs. イギリス英語

　ウェイターに苦情を言うSituation 2では、コアセンテンスではっきり苦情を伝えたのはイギリス人だけでした。また、部下に苦情を言うSituation 1でも、40%のイギリス人がコアセンテンスを使ったのに対して、アメリカ人は12%だけでした。このデータからは、イギリス人のほうが言葉ではっきりと苦情を伝える傾向が高いように見えます。

　一方、Situation 1で部下に「警告」をするときにI'm sorry but ... を使って相手の気持ちへの配慮を示したのは、イギリス人だけ（「警告」した人の33%）でした（例：I'm sorry but I'm going to have to take disciplinary action.（申し訳ないけど、懲戒処分にしなければならない）/ I'm sorry but you leave me no other choice than to discipline you.（申し訳ないけど、きみを処罰するしかない））。イギリス人のほうが頻繁に謝罪をするという傾向は、業務上の警告をするときでも変わらないようです（〈Unit 7 謝罪〉も参照してください）。

〈著者紹介〉

**清水　崇文**（しみず　たかふみ）

上智大学言語教育研究センター／大学院言語科学研究科教授。応用言語学博士（Ph.D.）。早稲田大学法学部卒業。イリノイ大学大学院東洋言語文化専攻修士課程、ハーバード大学大学院教育学専攻修士課程、ロンドン大学大学院応用言語学専攻博士課程修了。スタンフォード大学講師などを経て、現職。国土交通省航空英語能力証明審査会委員。
主な著書に、『中間言語語用論概論：第二言語学習者の語用論的能力の使用・習得・教育』（スリーエーネットワーク）、『第二言語習得研究と言語教育』（共編著、くろしお出版）、『ライトハウス英和辞典 第6版』（共著、研究社）、*Pragmatic Competence*（共著、De Gruyter Mouton）などがある。

---

## 心を動かす英会話のスキル

2016年9月1日　初版発行

**著者**
清水崇文
©SHIMIZU Takafumi, 2016

**KENKYUSHA**
<検印省略>

**発行者**
関戸雅男

**発行所**
株式会社　研究社
〒102-8152　東京都千代田区富士見 2-11-3
電話　営業 (03) 3288-7777(代)　編集 (03) 3288-7711(代)
振替　00150-9-26710
http://www.kenkyusha.co.jp/

**印刷所**
研究社印刷株式会社

**ブックデザイン**
清水良洋・佐野佳子（Malpu Design）

ISBN978-4-327-44112-8　C0082　Printed in Japan